Otto Kaemmel

Anfänge deutschen Lebens in Niederösterreich während des 9. Jahrhunderts

Otto Kaemmel

Anfänge deutschen Lebens in Niederösterreich während des 9. Jahrhunderts

ISBN/EAN: 9783743633551

Hergestellt in Europa, USA, Kanada, Australien, Japan

Cover: Foto ©Suzi / pixelio.de

Weitere Bücher finden Sie auf **www.hansebooks.com**

PROGRAMM

des

Königlichen

Gymnasiums zu Dresden-Neustadt

womit

zu den öffentlichen Prüfungen der Classen

am 19. und 20. März

und

zu der feierlichen Entlassung der Abiturienten

am 23. März Vormittags 10 Uhr

im Namen des Lehrercollegiums

ergebenst einladet

Rector Professor Dr. Hugo Ilberg.

Königl. Sächs. Schulrath und Ritter des Königl. Sächs. Verdienstordens erster Klasse.

III.

Inhalt:

I. Die Anfänge deutschen Lebens in Nieder-Oesterreich während des 9. Jahrhunderts. Vom Professor Dr. Otto Kaemmel.

II. Bericht über das Schuljahr 1876—1877. Vom Rector.

Dresden.

Druck von B. G. Teubner.

1877.

Die Anfänge deutschen Lebens in Nieder-Oesterreich
während des 9. Jahrhunderts.

Zu den grossartigsten Aufgaben unseres Volkes gehört sicher die Ausbreitung seiner Nationalität und Gesittung über den slavischen und magyarischen Osten. Seit mehr als einem Jahrtausend ist dieser Process im Gange und noch könnte man nicht sagen, dass er sein Ende erreicht habe, mag er auch jetzt in anderen Formen und weniger sichtbar sich vollziehen als in den Jahrhunderten des Mittelalters. Aber wie er deutsche Sprache und Cultur verbreitet hat von der Elbe bis zur Wolga und von der unteren Donau bis an den finnischen Meerbusen, so hat er auch auf die künftige politische Gestaltung Deutschlands selber die entscheidendsten Rückwirkungen geübt. Mehr als die Hälfte des jetzigen deutschen Reichsbodens ist durch diese Arbeit vieler Jahrhunderte erworben worden, und beinahe die Hälfte des gesammten Gebietes, das Deutsche zusammenhängend bewohnen. Zwei deutsche Stämme aber sind es in erster Linie gewesen, die im Mittelalter erobernd und colonisirend in die Völkerwildnis des Ostens drangen, die Nieder-Sachsen und die Baiern, beide einander mannigfach ähnlich, beide zum grossen Teile Bewohner der Ebene und deshalb auf lange Zeit mehr centralisirt als andere deutsche Stämme, deren physisch viel geteilte Wohnsitze die oft atomistische politische Zersplitterung begünstigten, beide sehr lange fast reine Ackerbauvölker, beide von derber Kraft, nachhaltiger Zähigkeit und hartem Stolze. Eben die Kernlande der beiden Grossmächte, der deutschen wie der halbdeutschen, welche die neueren Geschicke Deutschlands bestimmten, sind von den Sachsen und Baiern mit Waffengewalt in Besitz genommen und in friedlicher Arbeit colonisirt, mit deutscher Sitte und deutschem Volkstume erfüllt worden. Doch viel früher, als ihre norddeutschen Volksgenossen ihr Werk jenseits der Elbe begannen, zu einer Zeit, wo die Sachsen noch zu Wodan und Donar beteten und in unbeugsamem Trotz Karl dem Grossen widerstanden, hatten die Baiern siegreich die Ostalpenlande unterworfen, und von ihrem Gebiete aus gewann dann Karl die Herrschaft über die mittleren Donaulande, über Nieder-Oesterreich und Ober-Ungarn.

Die äussere Geschichte des ganzen grossen, Jahrhunderte erfüllenden Culturprocesses, von dem der zuletzt erwähnte Vorgang nur einen kleinen Teil bildet, ist oft genug dargestellt worden, die innere im Zusammenhange noch niemals. Die folgenden Blätter möchten als ein Beitrag zur Lösung dieser eben so schwierigen als reizvollen Aufgabe betrachtet werden, vielleicht als der Anfang einer grösseren Arbeit.

Bereits waren die Ostalpenlande Steiermark und Kärnten, damals unter dem Namen Karentanien zusammengefasst, von den bairischen Herzogen aus dem Agilolfingischen Hause unterworfen worden und begannen sich mit deutschen Niederlassungen zu erfüllen, als nördlich des Gebirges, das Nieder-Oesterreich von Steiermark scheidet, das Gebiet der Avaren bis zur Ens sich erstreckte[1]). Als aber, dem Rufe des inzwischen gestürzten Herzogs Tassilo folgend, i. J. 788 die Raubscharen der Avaren in Italien und in Baiern einbrachen, da stiessen sie zum ersten male mit der gewaltigen

[1]) Um die sonst unvermeidliche Wiederholung ausführlicher Citate zu umgehen, gebe ich hier eine Zusammenstellung der wichtigsten einschlägigen Urkunden und setze die künftig gebrauchte abgekürzte Bezeichnung hinzu.

Passau:
Pass. 1   836 16/11 Mon. boic. XXVIIIa 29 f.   Böhmer, Reg. Carol. Nr. 732.
Pass. 2. ca 900 Mon. boic. XXVIIIb 32 f.
Pass. 3. 900 19 I 1 B. des Landes ob d. Ens II, 46 f. Mon. boic. XXXIa Nr. 162.
Pass. 4. 903 8 IX UB. o. d. E. II, 49. Mon. boic. XXVIIIa 202.
Pass. 5. 833 Mon. boic. XXXIa 70 Nr. 31.
Pass. 6. 860 24 IX Mon. boic. XXXa 98 f.
Pass 7* 823 gefälscht. UB. o. d. E. II, 8. Mon. boic. XXXa 381; über die Echtheit Büdinger, Oesterr. Geschichte, I, 491 ff.

Regensburg:
Reg. 1   808 14 X Ried, Cod. dipl. Ratispon. I, 10. Pez, Thes. anecdot. I, 3, 86, nicht bei Sickel und Böhmer; ist sie unecht?
Reg. 2. 832 Mon. boic. XXVIIIa 21 f. Ried, Cod. dipl. Ratispon. I, 23. Böhmer Nr. 725.
Reg. 3. 841 Ried I, 32 f. Pez, Thes. Anecdot. I, 3, 244.
Reg. 4. 837 Ried I, 33. Pez I, 3, 245.
Reg. 5. 853 18 I Ried I, 45 f. Mon. boic. XXVIIIa 45 f. Böhmer Nr. 766.
Reg. 6. 859 1 V Ried I, 48 f. Mon. boic. XXVIIIa 50 f. Böhmer Nr. 793.
Reg. 7. ca 900 Ried I, 80.

Freisingen:
Fris. 1. 869 Hundt, Freis. Urk. aus der Zeit der Karolinger p. 17 Nr. 46. Abhandl. d. bayr. Akad. phil. hist. Cl. 1875, XIII.
Fris. 2   870 8 II Hundt, 18 Nr. 16.
Fris. 3. ca 890 Archiv für Kunde österr. Geschichtsquellen XXVII, 259 Nr. 2.
Fris. 4   ca 900 Fontes r. A. II 31, 26 f. (Zahn, Cod. Austr. Fris. I), Meichelbeck. Histor. Fris. I, 2, 428.

Salzburg:
Slzb. 1. 837 23 IX Juvav. Anhang 88. Böhmer Nr. 734 (a. 836)
Slzb. 2. 861 Juvav. 95, über die Echtheit s. Meiller, Sitzungsber. der k. k. Akad. phil hist. Cl. 17, 479 ff. Böhmer Nr. 800.
Slzb. 3   Juvav. 624, nicht bei Sickel und Böhmer; ob unecht?
Slzb. 4   vgl. Dümmler, Südöstl. Marken 500 3. Büdinger I, 164 u. 171
Slzb. 5   892 3 IX Juv. 117 f
Slzb. 6   112 ff. Böhmer n.
Nr. 1   Mon. boic. XI, 101. XXXI 26. Sickel, Reg. Carol. II, 78 Nr. 231, vgl. S. 295 Böhmer, Reg. Carol. 26, Nr. 196.
Nr. 2   Mon. boic. XXXI 28 f. Böhmer, Nr. 723 setzt sie 834
Nr. 3   Mon. boic. XI, 120, vgl. Kopp, Palaeographia I, 429 ff., Meiller, Reg. der Babenbg. 191 Nr. 17.

Frankenmacht zusammen: sie wurden in Italien geschlagen, aus Baiern durch die missi des Königs Grahamann und Audaker über die Ens zurückgeworfen und an der untern Ips, im eigenen Gebiete, besiegt¹). Und als sie dann im selben Jahre nochmals in Baiern erschienen, erlitten sie an der Donau eine neue vernichtende Niederlage²).

Das Zusammentreffen mit dem fränkischen Reiche wurde für die Avaren verhängnisvoll. Grenzstreitigkeiten, wahrscheinlich in Karentanien, die eine in Worms erscheinende avarische Gesandtschaft vergeblich zu schlichten sich bemühte (790¹³), gaben den Anlass zu dem entscheidenden Feldzuge Karls des Grossen i. J. 791⁴). Drei Heere wurden gegen das avarische Gebiet in Bewegung gesetzt: die ripuarischen Franken, Thüringer, Sachsen, Friesen gingen das linke Donauufer hinab, der König drang auf dem rechten vor, ohne Zweifel der alten Römerstrasse folgend; eine bairische Donauflotte trug den Proviant für beide Heere. Von Italien her führten König Pippin und der dux Johannes von Istrien die langobardischen Truppen über die avarische Grenze, siegten unweit derselben am 23. August. Der König stand an der Ens, als ihm diese Nachricht zuging²); wenige Tage später überschritten auch seine Heersäulen den Grenzfluss. Zuerst traf die am linken Stromufer vorgehende Colonne auf den Feind⁶), erstürmte nach kurzer Gegenwehr die Verschanzungen, welche die Avaren am Kampflusse, also am westlichen Eingange des Tullner Beckens, aufgeworfen hatten; Karl selbst durchzog den südlichen Teil derselben Ebene ohne Widerstand; erst bei Comagenae (Tulln⁷) nahm er eine andere avarische Verschanzung. Heerend kam die

Metten: Mn. 868 Mon. boic. XI, 127 f. Böhmer Nr. 821.
Kremsmünster: Kr. 1. 828 22 III UB. v. Kremsm. Nr. 4. UB. o. d. E. II, 11. Mon. boic. XXXI, 51.
Sickel II Nr. 257. Böhmer, Reg. Carol. Nr. 391.
Kr. 2. 877 28 VI UB. v. Kr. Nr. 5. UB. o. d. E. II, 19. Mon. boic. XXXI, 103.
Kr. 3. 893 22 X UB. v. Kr. Nr. 14. UB. o. d. E. II, 39.
Mondsee: Md. 879 9 IV Ried, Cod. dipl. Rat. I, 58 f. Pez, Thes. Anecd. I, 3, 26. Böhmer Nr. 871.
Einhard. Annal. 791 is fluvius (Anesus) inter Bajoariorum atque Hunorum (sc. Avarorum) terminos medius currens certus duorum regnorum limes habebatur.

1) Ann. Lauriss. 788. Einhard. Annal. 788. Ann. S. Emmerami 788. Alcuini Epist. ed. Jaffé Nr. 14, ed. Froben Nr. 3 (von Anfang 790). Nach den Ann. Laur. fand die Schlacht statt in campo Ibose. Das ist wohl das Ipsfeld am linken Ufer der untern Ips unfern der gleichnamigen Stadt. Schon 837 wird der „locus Ipusa iuxta Ipusa flumen" erwähnt (Juvavia Anhang p. 88, Urk. Ludwigs des Deutschen für Salzburg). Ibose aber ist doch wohl gleich Ipusae. Ueberdies eignet sich das Ipsfeld besonders zu einem Schlachtfelde für ein Reiterheer und nachweislich führte über dasselbe die alte, noch später erwähnte Römerstrasse, der Franken und Avaren jedenfalls folgten. — 2) Ann. Lauriss. 788. 3) Einh. Ann. 790. — 4) Ueber denselben Einh. Ann. 791. Ann. Lauresham. 791. Ann. Lauriss. 791. cf. Poeta Saxo 791. — Vgl. Büdinger, Oesterr. Geschichte I, 131 ff. Dümmler, Südöstl. Marken des fränk. Reiches unter den Karolingern im Archiv für Kunde österr. Geschichtsquellen X, 5 ff. Leibnitz, Ann. Imperii I, a. 791. 5) Der Brief, in dem der König seiner in Regensburg zurückgebliebenen Gemahlin Fastrada den Sieg Pippins meldete, bei Sirmondi, Concil. Galliae II, 158. Mansi, Coll. concil. XII, 843 f. — 6) Es muss also damals eine allerdings nicht von den Römern gebahnte Strasse auf dem nördlichen Donauufer gegeben haben. Dass die Avaren keinen Versuch machten, diese Strasse in den Donauengen zu sperren, stimmt ganz zu der Eigentümlichkeit eines Reitervolkes. 7) Pertz zu Ann. Einh. 791 identificirt Comagenae (Einhard sagt Comageni, mit Königstätten am Westfusse des Wiener Waldes östl. von Tulln,

nördliche Colonne bis zur Mündung der March und nahm dann durch Böhmen ihren Rückzug; der König erreichte den Ausfluss der Raab und kehrte, nachdem er 52 Tage lang das Avarenland verwüstet, über Sabaria (Stein am Anger) auf der alten Strasse nach Regensburg zurück.

Für das heutige Nieder-Oesterreich war damit die Hauptarbeit getan; die folgenden Kämpfe, die endlich i. J. 803 zur völligen Unterwerfung und Beruhigung des Avarenlandes führten, haben sich durchaus auf dem Boden Ungarns abgespielt und berühren uns daher hier nicht weiter.

Name des Landes

Das eroberte Gebiet östlich der Ens nannten die Franken mit sehr verschiedenen Namen: Oriens, terminus regni Bajoariorum in Oriente, orientalis plaga, orientalis pars Bawarie, marcha orientalis, Winidorum marca, Sclavinia[1]), provincia Avarorum, wobei Pannonien mit inbegriffen ist[2]; unzweifelhaft wird auch der Name Pannonia mit über die Ostmark ausgedehnt[3]).

Die Grenzen aber sind mit denen des heutigen Nieder-Oesterreich nicht durchaus identisch. Im Westen blieb südlich der Donau die Ens die Grenze, obwohl sie hier am ehesten sich verwischte, da der Traungau westlich des Flusses zwar zu Baiern gehörte, doch stets dem Markgrafen der Ostmark unterstellt war[4]. Nördlich der Donau lässt sich die westliche Grenzlinie nur annähernd angeben. Jedenfalls lief sie keineswegs von der Ensmündung nördlich zum Böhmerwalde[5], sondern ist viel weiter westlich zu suchen. Denn i. J. 827 erscheint der Graf Wilhelm von der Ostmark in amtlicher Function, als Leiter eines placitum in Puchenau (Pochinawa) auf dem linken Donauufer gegenüber Linz[6]); um 900 liegt ein königliches Gut nördlich der Donau, wahrscheinlich untern der Ensmündung und doch in ipsa marcha[7]); noch 1018 umfasst der Schweinachgau, damals unter Graf Adalberos Verwaltung, den ganzen Strich zwischen der Ilz (Ilzisa), die bei Passau in die Donau fällt, der Rötel

(Rotala), welche bei Ottensheim westlich von Linz dem Strome zufliesst, und der Donau[1]; das Gebiet der Ostmark begann also damals erst östlich der Rötel. Dies aber stimmt vollkommen überein mit der i. J. 827 hervortretenden Tatsache, denn die Rötel ist von Puchenau nach Westen gerechnet der erste Flusslauf überhaupt. Wahrscheinlich also bildete eben die Rötel die Westgrenze der Ostmark nördlich der Donau, soweit eine solche bestimmt gezogen war.

Im Norden gegen Böhmen und Mähren hin ist die Grenze nicht überall genau zu bestimmen. Dehnte sich doch hier die Nortica oder Bohemica silva, der Nordwald, als breiter Gürtel zwischen Böhmen, Baiern und der Ostmark; denn mit diesem Namen bezeichnete man das ganze Waldland bis an das östliche Ende der Wachau[2]. Wie wenig zunächst im westlichen Teile der Ostmark an eine feste Begrenzung nach Norden zu denken ist, ergiebt sich aus einer Regensburger Urkunde von 853; in dieser übergiebt Graf Wilhelm dem Kloster St. Emmeram den ganzen Strich zwischen Aist und Naarden (inter Agastam et Nardinam) von der Donau bis zum Quellgebiet beider Flüsse „et ita usque in Nortwalt, in hauc partem silvae sine termini conclusione[3]." Aus dem geringen Werte, den darnach der ganze Grund und Boden dort noch hatte, erhellt ohne Weiteres die niedrige Cultur des ganzen Strichs und bei einer solchen kann von sicheren Grenzmarken keine Rede sein. Weiter nach Osten erscheint das Donauufer selbst und die nächstliegenden Striche im ganzen Verlaufe des 9. Jahrhunderts als besiedelt, demnach als deutscher Besitz, bis gegen Krems hin[4], und im Gebiete des Kampflusses reichten die deutschen Niederlassungen mindestens 3 Meilen landeinwärts, denn zwischen 884 und 906 erwarb Freisingen ein Gut an der Stiefern (Stiwina)[5]. Auch östlich des Kamp erstreckte sich die deutsche Herrschaft eine Strecke landeinwärts, so dass mindestens die ganze Nordhälfte des Tullner Beckens und die nächsten Striche des Hügellandes zur Ostmark gehörten. Denn schon vor 877 hatte Kremsmünster hier an der Schmida unfern Tulln Güter erworben[6]; vor 871 hatten die Grafen Wilhelm und Engelschalk Besitzungen am Kamp (Campe)[7], und bei dem

---

1) Mon. boic. XXVIIIa 421. UB. o. d. E. II, 75 Nr. 57. Adalbero als Graf im Schweinachgau erscheint 1010; in comitatu Adalberti comitis in pago Sweinigowe; Mon. boic. XXVIIIa 420, vgl. Pritz a. a. O. I, 362. Die Karte in Spruner-Menke's Hist. geogr. Atlas Nr. 36 der neuen Ausgabe rückt den Gau nur wenig über die Ilz hinaus. 2. Die Bezeichnung Nortwalt für den westlichen Teil des ganzen Gebirgs- und Waldlandes im heutigen Mühlviertel Ober-Oesterreichs um Aist und Naarn ergiebt sich aus der dann (N. 3) angezogenen Urkunde. 1125 liegt Lassberg (Lozperch) südöstl. Freystadt unfern der Feldaist in silva Nortwalt, UB. o. d. E. II, 164; 1209 ebenso Königswiesen (Kunigeswisen) am grossen Naarn in nordica silva, a. a. O. 515. Noch jetzt macht das ganze Gebiet den Eindruck eines dünnbevölkerten Waldlandes. — Noch 1139 liegt das praedium Zwetel, wo damals das gleichnamige Kloster errichtet wurde, in Nortica silva, Fontes rerum Austriacarum II, 3, 32. 11. also erfüllte der Nordwald noch damals das Gebiet des mittleren Kamp. — Im 11. Jahrhundert bildet das Gebirgsland zwischen der Donau (in der Wachau), der kleinen Krems, dem Oetzbach (Obizinbach) bei Spitz und dem Marktflecken Kottes an der kleinen Krems eine „divisionem silve Nortwalt", F. R. A. II, 8, 21 vgl. 141, und dem entspricht ganz, wenn in der später zu besprechenden Zollurkunde von Raffelstätten um 906 die silva Boemica ungefähr das Waldland links der Donau zwischen Melk und Krems ist. — 3) Reg 5. 4) S. unten den Abschnitt über die Orte des 9. Jahrh. 5) Fris. 1. 6) Kr. 2 7) Urk. von 893, Kr. 3.

Einfalle i. J. 884 verwüsteten die Mährer Suatopluks die Gegend nördlich der Donau und nahmen eben dort Werner, den Sohn des Grafen Engelschalk, gefangen¹). Gegen Ober-Pannonien allerdings, die Landschaft jenseits des Wiener Waldes, muss die Donau durchweg die Grenze dem mährischen Reiche gegenüber gebildet haben; das ergiebt sich aus der Geschichte des mährischen Einfalls von 884²) und daraus, dass nach der Zollurkunde von Raffelstätten (um 906) das mährische Reich die Donau hinab zu Schiff erreicht werden kann³). Da nun ohne jeden Zweifel südlich des Stromes der Wiener Wald die Ostgrenze der Mark bezeichnet, so mag nördlich desselben das deutsche Gebiet am Ostende des Tullner Beckens etwa bei Stockerau abgeschlossen haben. Weit entfernt von der Donau war jedoch in jener Gegend die Grenze nicht; denn einmal kommt östlich der Krems während des 9. Jahrhunderts ein deutscher Ort tiefer im Lande nicht vor, sodann ist die Burg, zu deren Erbauung 888 König Arnulf seinem Ministerialen Heimo im Gau Grunzwiti, das ist im Gebiete der Traisen, die Erlaubnis giebt, besonders zur Verteidigung contra inimicorum insidias bestimmt, diese inimici aber konnten damals nicht von Osten kommen, da nach dieser Richtung noch weit und breit deutsches Gebiet sich erstreckte und überdies der Wiener Wald Schutz gewährte, sondern nur von Norden, also von Mähren her. Später wird in derselben Urkunde von Reisenden gesprochen, die auf Heimos Gebiet de Maravorum regno supervenerint⁴). War also das Gebiet der Traisen von Mähren aus unschwer zu erreichen, so kann die Grenze nicht weit von der Donau gelaufen sein.

Keine Schwierigkeit bietet die Bestimmung der Ostgrenze südlich der Donau; sie lief ohne Zweifel auf dem Rücken des Wiener Waldes, der alten Grenzscheide zwischen Pannonien und Noricum. So wird Pannonien 904 als das Land ultra montem Comagenum bezeichnet⁵), und auch die Grenzregulierung zwischen den Diöcesen von Passau und Salzburg i. J. 829 bezog sich nur auf die Gegend ultra Commagenos montes⁶); bis dahin war also Passaus Gewalt unbestritten. Die kirchliche Abgrenzung aber entsprach gewöhnlich der politischen. Was jenseits des Wiener Waldes lag, gehörte zu Ober-Pannonien. Der südliche Teil des Viertels unterm Wiener Wald, der Neustädter Bezirk, bildete einen Teil Karentaniens⁷), ein vorgeschobenes Bollwerk gewissermassen gegen die weiten Tieflandschaften im Norden und Osten.

Noch bleibt die Südgrenze. Da ist kaum anzunehmen, dass hier eine scharfe Sonderung zwischen der Ostmark und Karentanien bestanden habe. Die Natur selbst hat zwar die österreichisch-steirischen Alpen als Grenzwall aufgerichtet, aber in jener frühen Zeit war die Cultur weder von Norden noch von Süden so weit vorgedrungen, dass sich niederösterreichische und steirische Siedlungen begegnet wären. Ein breiter Gürtel also von Berg- und Waldland erstreckte sich damals zwischen beiden Gebieten, und jährlich mochten sich auf beiden Seiten die Grenzen der Rodungen und des Anbaus dem Gebirge näher schieben[1]).

Welche Bevölkerung aber trafen in dem so umgrenzten Gebiete die deutschen Eroberer an? Erwägt man die Analogie des benachbarten Baiern, so lässt sich die Frage nach Resten romanischer Bevölkerung nicht unbedingt abweisen. Nachweislich gab es noch im 8. und 9. Jahrhundert im Salzburggau, im Chiemgau (um den Chiemsee), im Attergau (um den Attersee im Salzkammergut) romanische Einwohner, welche von den erobernden Baiern als Hörige behandelt wurden, selten ihre Freiheit retteten[2]). Ja noch i. J. 1126 kommt ein Grundbesitzer römischer Abstammung um Berchtesgaden vor[3]), und im 12. Jahrhundert führen die ältesten Salzburger Necrologien mehrere Namen mit dem Beisatze „Latinus" auf[4]). Dem gegenüber kann auch für das Land östlich der Ens die Möglichkeit der Erhaltung römischer Reste nicht bestritten werden. Zwar hat unzweifelhaft das untere Noricum ripense — so hiess die Landschaft in spätrömischer Zeit — als Durchgangsland mehr gelitten als Baiern; indess wird man sich die Verwüstung nicht so gar arg vorstellen dürfen, nicht die Verwandlung der Landschaft in eine menschenleere Einöde anzunehmen haben. Ihr Zustand um 476 ist uns dank der Vita Severini ziemlich genau bekannt[5]). In dieser Epoche — Severin trat nach 455 auf und starb 482 — wird das obere Noricum jenseits der Ens hart mitgenommen durch Alamannen, Thüringer, Heruler[6]). Castra Batava (Passau) sieht sich von den Alamannen schwer bedrängt, seine Verbindung mit Italien gestört, dann hart geplündert; aber noch hält sich eine römische Besatzung, sie besiegt sogar einmal die Deutschen; die Stadt wird Zuflucht der flüchtigen Einwohner von Quintana (Künzing zwischen Vils und Isar). Dann freilich wandern auch

Bevölkerung zur Zeit der fränkischen Eroberung. Ob Romanen ⁂ Romanen in Baiern.

Noricum z. Z. Severins.

---

1) Die Grenzen, wie sie Enenkel in seinem um 1310 verfassten „Fürstenbuche" angiebt, unterscheiden sich nur sehr wenig von den heutigen, Rauch, Script. rer. Austr. I, 24. -- 2) Indic. Arnonis ed Keinz v. J. 788 I, 4. 5 (Romani — in pago Salzburgoense — in pago Atragaoe); V, 3. VII, 8 (in pago Salzburegaoe); VII, 11. 12 (in pago Chimingaoe iuxta fluenta Druna [Traun]; in pago Adragaoe), vgl. Notit. Arnon. ed. Keinz III, 3. 7. X, 5 (vir nobilis Santulus — in vico Romanisco), vgl. Indic. VI, 2. 3. Notit. XIV, 54 (Romani de Fischaha, in Salzburggan). Ueber ihre staatsrechtliche Stellung als tributarii s. auch Büdinger, Oesterr. Gesch. I, 91 ff., über das Ganze: Glück, die Bistümer Noricums z. Z. der röm. Herrschaft, in den Sitzungsberr. der Wiener Akad. phil. hist. Cl. XVII, 88 u. 4. — 3) Quellen und Erörterungen zur bayr. und deutschen Geschichte I, 361 (München 1856). — 4) Hrgg. von Meiller, Archiv f. ö. Gesch. 1857. Merkwürdig ist auch: Quartus nationis Noricorum et Pregnariorum, der 828 dem Kloster Innichen Güter schenkt, also im östlichsten Teile des heutigen Tirol um Lienz angesessen sein muss, Meichelbeck, Hist. Fris. 1b p. 279. Als Norici bezeichnet die Vita Sever. immer die Bewohner des inneren Noricum (Steiermarks und Kärntens). — 5) Ueber sie: Wattenbach, Deutschlands Geschichtsquellen im MA., 2 A. 34 ff. Rettberg, Kirchengeschichte I, 226. Pallmann, Geschichte der Völkerwanderung II, 393 ff. Büdinger I, 47 ff. — 6) Vita Sev. c. 20. 25. 26.

die Einwohner von Passau aus nach Lauriacum (Lorch bei Ens)¹). Dieser grosse Ort entgeht nur mühsam einem Ueberfalle der Barbaren, dann verlassen auch ihn die Bewohner, finden unter rugischer Herrschaft im Lande östlich der Ens Zuflucht und Schutz²). Juvavum (Salzburg) zerstören die Heruler von Grund aus³), die superiora castella (westlich der Ens) nennt auch Severin einmal cultore destituta⁴). Aber selbst in dieser Zeit der Bedrängnis ist die Verbindung mit Italien noch keineswegs gänzlich abgeschnitten: noch gehen italienische Bodenproducte, wie Oel, nach Lauriacum⁵), noch behaupten sich römische Truppen hier wie in Passau⁶). Das untere Noricum aber zwischen Ens und Wienerwald hat viel weniger zu leiden. Anfangs zwar kommen die Rugier als arge Plünderer über die Donau, schleppen Menschen und Herden fort, wie um Faviana (Traismauer), aber eben hier ermannt sich die römische Besatzung unter einem Tribunen zu kräftiger Gegenwehr⁷). Ebenso muss Comagenae zwar anfangs sich eine rugische Besatzung gefallen lassen, wird aber dann ihrer ledig⁸). Noch ist auch der Verkehr auf der Donau keineswegs unterbrochen. Getreideschiffe vom Inn retten durch ihre Ankunft die hungernde Bevölkerung von Faviana aus arger Not⁹). Von all den römischen Donaustädten dieses Striches wird eine einzige geradezu zerstört, jedenfalls durch die Rugier, Asturis (Zeiselmauer) und diese gleich am Anfange von Severins Wirksamkeit, also kurz nach 455¹⁰). Niemals ist die Verbindung mit dem inneren Noricum und Italien völlig zerrissen: aus Mailand kommt ein Kranker Heilung suchend zu Severin¹¹). Botschaften gehen hin und her¹²), Odovakar steht als Herrscher Italiens mit Severin in Briefwechsel¹³). Freilich löst sich das Land allmählich von italienischer Herrschaft: obwohl die Rugier ihre eignen Wohnsitze nördlich der Donau haben¹⁴), so machen sie sich doch die Städte des südlichen Ufers tributpflichtig, so Faviana¹⁵), sie gewähren aber den Auswanderern aus den Donaustädten Zuflucht und Schutz, eine leidliche Existenz¹⁶); sie stehen in regem Handelsverkehr mit Noricum¹⁷); ihre Fürsten Flaccitheus, Feletheus (Feva), Friedrich, selbst die wilde Königin Gisa hören mit scheuer Achtung auf Severins Ermahnungen und Ratschläge¹⁸) und nur selten bricht barbarische Roheit bei ihnen durch¹⁹). Kurz, die rugische Herrschaft beginnt sich zu consolidiren, von Zerstörung und Verwüstung ist weiter nicht die Rede, es herrschen leidlich geordnete Zustände.

Erst die Zerstörung des rugischen Reiches durch Odovakar 487/8[1]) warf die Landschaft in die alte Zerrüttung zurück. Denn der neue Herrscher fühlte sich so wenig im Stande die Erwerbung zu behaupten, dass er schon i. J. 488 den Abzug der römischen Bevölkerung aus Noricum ripense nach Italien verfügte[2]). Das Land entschwindet aus dem historischen Gesichtskreise; möglich, dass eine Zeit lang die Langobarden, welche einige Jahre „in Rugilanda" wohnten[3]), ihre Herrschaft auch südlich der Donau erstreckten, oder dass Theodorichs Gebiet sich bis zum Strome vorschob[4]); jedenfalls fiel Noricum ripense bis zur Ens um die Mitte des 6. Jahrhunderts in die Hände der wilden Avaren[5]).

Dies Schicksal teilte damals auch das Land unterm Wiener Wald. Früher als die benachbarte Landschaft hatte es furchtbare Verheerung erlebt: schon 375 zerstörten die Quaden die glänzende Römerstadt Carnuntum[6]), aber sie wurde wiederhergestellt, wenn sie auch nun hinter Vindobona zurücktrat; noch die Notitia führt sie auf als Sitz des Präfecten der oberen Abteilung der XIV. Legion und einer Schild-

---

1) Vita Sev. c. 38. Johann. Antioch. p. 624. Prolog. edicti Rotharis in: Monum. hist. patriae (Taurini 1855) 6, und deutsch vor Paulus Diaconus übers. von O. Abel (Geschichtschreiber der deutschen Vorzeit) 8. 4, vgl. Pallmann a. a. O. II, 407 ff.   2) O. universos (jussit) ad Italiam migrare Romanos. Dann: cunctis nobiscum (mit Eugippius und den andern Freunden Severins) provincialibus idem iter agentibus, qui oppidis super ripam Danubii derelictis per diversas Italiae regiones varias suae peregrinationis sortiti sunt sedes. Vita Sev. c. 39.   Vorher hatte Sev. die Auswanderung prophezeit und dann: haec loca nunc frequentata cultoribus in tam vastissimam solitudinem redigentur, ut hostes aestimantes auri se quippiam reperturos etiam mortuorum sepulturas effodiant. Cuius vaticinii veritatem eventus rerum praesentium comprobavit. c. 34. — Eugippius schrieb 511, Wattenbach S. 37.   3) Tunc exierunt Langobardi de suis regionibus et habitaverunt in Rugilanda annos aliquantos, Prol. edicti Rothar. S. 6. Uebers. S. 5, vgl. Paulus Diacon. I, 19. Spätestens 509 wanderten sie aber in die Ebenen jenseits der Donau, a. a. O. I, 20, vgl. Büdinger I, 56 f. Pallmann II, 55 (der die Ebenen im südl. Mähren sucht). Nach ihnen versuchten die Heruler sich im Rugierlande anzusiedeln, konnten sich aber ὅτι ἐν χωρίῳ ἱερῷμῳ hier nicht halten und wanderten ostwärts. Procop. Bell. Goth. II, 14. — Der Beweis, dass die Heruler nach 488 in Noricum rip. gesessen, wie Pallmann II, 61 f. will, ist äusserst schwach; den besten Grund bietet noch der Name Herilungoburg bei Bechlaren (832 locus, ubi antiquitus castrum fuit, quod H. dicitur, Reg. 2) und Herilungeveld (853, Reg. 5). Für den Zusammenhang mit den Herulern sprechen sich aus ausser Pallmann auch Förstemann, Altdeutsches Namenbuch II², 746, Aschbach, Sitz.-Ber. XXXV p. 28, während W. Grimm, Deutsche Heldensage 38 den Namen mit den Harlungen, den Neffen des gotischen Königs Hermanrich, in Zusammenhang bringt, ebenso Dümmler, Piligrim v. Passau S. 92. Aber der Name Herilune kommt auch sonst in Baiern vor, Mon. boic. XXVIIIa 48; noch 1314 und 1333 in Urkunden des Klosters Waldhausen bei Pritz in Archiv f. ö. GQ. IX. 326, 328 (Friedrich und Otto der Harlunch). Sind wirklich die Heruler in Noricum ansässig gewesen, so haben sie doch das Land nur kurze Zeit besessen, etwa 488 509.   4) Das ist doch das Einfachste. So auch Dümmler, Piligrim 3. Büdinger I, 54 spricht sich entschieden dagegen aus.   5) Dümmler, Piligrim 3. Büdinger I, 51.   6) Ammian. Marcell. XXX, 5, 2; Carnuntum desertum nunc et squalens. Kaiser Valentinian I. verweilte dann hier doch per continuos tres menses, a. a. O. 6, 11, erliess auch von hier aus ein Gesetz, Cod. Theodos. IX, tit. 1, dat. pridie Id. Augusti Carnuti.

fabrik¹). Die späteren Schicksale des Landstrichs sind unbekannt. Seit der Mitte des 5. Jahrhunderts geboten hier die Ostgothen, denen Wien (Vindomina) gehorchte²) und die also jedenfalls den Wiener Wald als westliche Grenzscheide behaupteten. Ihr Fall und der Zug der Langobarden nach Italien rief die Avaren in's Land.

Vergegenwärtigt man sich jene Räumung Noricums und den Besitzwechsel in dieser Landschaft wie in Pannonien, so scheint, so wenig bis dahin von einer allgemeinen Zerstörung die Rede sein kann, doch für Noricum wenigstens nach 488 die Möglichkeit einer Erhaltung romanischer Reste ausgeschlossen. Indess an eine vollständige Auswanderung aller römischen Bewohner ist schwerlich zu denken. Wenn schon die von Passau wie die von Salzburg Severins Aufforderungen zum Abzuge widerstrebend oder gar nicht gehorchten³), wenn noch 488 es heisst: dum universi per comitem Pierium compellerentur exire⁴), so weist schon dies darauf hin, dass viele sich doch der Auswanderung entzogen haben werden. Man wird sich ferner die Folgen des mehrfachen Besitzwechsels, selbst die der rohen avarischen Herrschaft, nicht als zu vernichtende vorstellen dürfen, soviel auch gelegentlich zerstört worden sein mag. Das ostgothische Regiment, wenn man ein solches annehmen darf, verschaffte der Landschaft auf Jahrzehnte eine leidliche Existenz, und die Avaren haben, so barbarisch sie auch als Feinde auftraten, doch in ihrem eigenen Gebiete die Einwanderung der Slaven eher begünstigt als gehindert⁵), gelegentlich auch gefangene Römer (Romäer) in Sirmium oder Pannonien angesiedelt⁶), auch christliche Missionare geduldet⁷).

Sodann existirten römische Orte nachweislich auch durch die folgenden Jahrhunderte hindurch fort; dies wird von den in der Nähe der Ens liegenden Städten mit Bezug auf die Zeit um 715 ausdrücklich angegeben⁸) und ausserdem kehren die Namen entweder unverändert oder in germanisirter, nie in slavisirter Form wieder: so oberhalb der Ens

---

1) Notit. c. 33 ed Böcking: praefectus leg. XIV. geminae, militum liburnariorum cohors partis superioris Carnunto. Praefectus classis Histricae Carnunto, sive Vindomanae a. C. translatae. [...] sentaria. Die letzten römischen Münzen, die sich hier finden, gehören dem [Kaiser] Maxonce an, † 388. S. Sacken, Sitzungsber. IX, 712. 2) Jordan. de reb Goth c. 50: [...] Pannonia civitatibus plurimis, quarum prima Sirmis, extrema Vindomina. Pannonia dies habet ab orca u Noricum. Jord. schrieb 551, Wattenbach, D. GQ.² S. 37. 3) Vita [...] 4) c. 39. 5) S. darüber S. 12. 6) Demetrii Miracul. in Act. Sanct. Octob. IX, 179 [...] oder überhaupt Pannonien) τὴν ἄνατω ἑως τῆς μεγαλοπόλεως κατέσχον ο Ἰταλίας λεγομένην. 7) So sandte Arno nach seiner Erhebung zum Bischof von Salzburg (780) [...] in partes videlicet inferioris Pannoniae, wie schon sein Vorgänger Virgil [...] Conver. Bagoar. c. 7. In dem Protokoll über die von König Pippin 796 berufene Bischofssynode [...] zahlreichen Christen erwähnt, die vor der eben damals vollendeten [...] Alcuin epp ed Jaffe Nr 68 u. Mansi, Coll concil. [...] Arduum Adchomerana in Act. Sanct Sept VI, p 175 c. 8) Eo tempore (Ennoronum war [...] 712—715 oder Hanorum et gentem Bapuarioram orta est discordia, da ut a Constantino [...] depopulato urbe paene deserta esse viderentur, aber ewt da [...] vgl Ebinoder, Peligrim 3.

Passau (Castra Batava¹), Lintz (Lentia) zuerst 799²), Lauriacum mit dem alten Namen um 700 (Lauriacensis civitas³), Juvavum um 700⁴); unterhalb der Ens Trigisima (Trigisamum, Faviana) 861⁵), Comagenae 791⁶); unterm Wiener Wald Vienni (Vindobona) 1030⁷), Carnuntum 805⁸). Obendrein wissen wir, dass Wien noch um die Mitte des 6. Jahrhunderts eine ansehnliche Stadt war⁹), und unzweifelhaft haben hier auch Bewohner deutschen Stammes, Ostgothen, Rugier oder Langobarden gesessen¹⁰). Und unter diesen wieder auftauchenden Städten sind eben solche, welche angeblich völlig zerstört und verlassen wurden, so Batava castra, Lauriacum, Juvavum. Wo aber die Namen erhalten sind, da kann die Continuität der Bevölkerung nie unterbrochen worden sein, da sonst jede Möglichkeit ihrer Erhaltung verschwunden sein würde; wenigstens in der Nähe solcher Orte muss es immer Ansiedelungen gegeben haben. Ein treffendes Beispiel bietet die pannonische Stadt Scarabantia: ihr Name ging verloren, an seiner Stelle erscheint 860 Odinburch, die „öde Stadt", wofür 1065 Deserta civitas vorkommt¹¹); der Ort war also völlig verlassen und empfing deshalb einen ganz neuen Namen. Ebenso wird der vollständige Mangel an romanischen Namen im alten Dacien als ein Hauptbeweis für die Vernichtung der dortigen Romanen betrachtet¹²). Auf den oben gezogenen Schluss führt die Erhaltung antiker Namen für Flüsse und Gebirge. Solche tragen abgesehen von der Donau: die Erlaf (832 Erlafa)¹³) entsprechend der dort bestehenden römischen Niederlassung Arelate (Arlape)¹⁴), die Ens, antik Anisus, 863 Anesus¹⁵), der Kamp, antik Cambe, 791 Camb¹⁶), vor allem das jetzt Wiener Wald genannte Gebirge, antik Mons Comagenus, 791 Cumeobere¹⁷). Auf der anderen Seite beweist allerdings das Vorhandensein römischer Reste an Orten, deren römischer Name nicht überliefert ist (Nieder-Wallsee, Melk, Göttweih, St. Pölten u. a.), weitgehende Zerstörung.

---

1) Schon um die Mitte des 8. Jahrh. Förstemann, NB. II², 216. — 2) Mon. boic. XXVIII b 36. 3) Vita prim. S. Rudberti vor der Convers. Bagoar. in Mon. SS. XI, 5: ad Lauriacensem pervenit civitatem (S. Rupertus). — 4) Vita primigenia S. Rudberti Mon. SS. XI, 5: ad notitiam venit sancto pontifici Rudberto aliquem esse locum — antiquo vocabulo Juvavensem vocatum, ubi antiquis temporibus multa fuerunt mirabiliter constructa edificia et tunc pene dilapsa silvisque cooperta. 5) Sizb. 2. — 6) Einh. Ann. 791. — 7) Ann. Altah. 1030 in Mon. SS. XX, 791: Vienni ab Ungris capiebatur, dazu Giesebrechts Bemerkung. — 8) Einh. Ann. 805. — 9) s. 8. 10, Anm. 2. — 10) Dafür zeugt eine 1663 in dem Grabe einer vornehmen Frau gefundene Amulettinschrift, Büdinger I, 55 N. 2 nach Karajan in den Sitzungsber. XIII, deren Sprache allerdings sie keinem der genannten drei germanischen Stämme mit voller Bestimmtheit zuzuweisen gestattet. 11) Mon. boic. XXXa 98. — Ann. Altah. a. 1065 mit Giesebrechts Bemerkung. Der magyarische Name Soprony kommt schon 1044 vor (Supronium, Supriniura), Thwrocz II, 37 bei Schwandter, Script. rer. hungar. I, u. Keza bei Endlicher, Monum. Arpad. 112. — 12. Rösler, Román. Studien 129 ff., dazu Schwicker, Zur Frage über die Herkunft der Rumänen, Augsb. Allg. Zeitung 1876 Nr. 338 Beilage. 13) Reg. 2. — 14) Itin. Antonini 234, 238. Notit. dignit. c. 33. Tab. Peuting. Arelate; Ptolem. II, 13. VIII, 7, 5 *Ἀρελάτη*; vgl. Aschbach, Sitzungsberr. XXXV, 8, 9. Kenner, Die Römerorte in Niederösterreich (Jahrbuch des Vereins für Landeskunde von NÖ. II) 129. . 15) Alt. 3. — 16) Einh. Ann. 791. 17) Die übrigen Formen s. bei Förstemann II², 131. Dazu noch Cumini montes 870 bei Hundt, Die Urk. des Bisth. Freising a. d. Z. d. Karolinger in Abhandl. der bayr. Akad. hist. Cl. 1875, XIII N. 46.

Schlussresultat.   Aus alledem ergiebt sich: die **Fortdauer einer romanischen Bevölkerung ist möglich, die Continuität der Bevölkerung überhaupt gewiss.** Sicher haben sich zunächst nur Reste der Romanen erhalten; vereinzelt, von Italien getrennt, vermochten sie einen besonderen Cultureinfluss auf die bald eindringende stammfremde Bevölkerung nicht zu üben, ja sie sanken allmählich selbst auf eine tiefere Stufe herab und verschmolzen mit den neuen Einwanderern, überlieferten diesen aber die dürftigen Reste ihrer Cultur, die zusammenschrumpfenden Römerorte und die Namen der Localitäten[1]).

Slaven.   Dass nur Reste der Romanen zurückblieben, würde sich auch aus der Tatsache einer nicht unbeträchtlichen slavischen Einwanderung ergeben. Unzweifelhaft

Z. u. der Doneinwanderung   nämlich fanden die fränkischen Eroberer slavische Niederlassungen in beträchtlicher Zahl in der Ostmark vor. Ihre Gründung mag wie im benachbarten Karentanien und Pannonien zur Zeit der avarischen Herrschaft erfolgt sein, kann nicht erst nach der deutschen Besitznahme fallen; das lehrt die Analogie der Nachbarlandschaften, das frühe Vorkommen der Benennung Sclavinia oder Winidorum marca für die Ostmark[2]), wie das ebenso frühe Auftreten slavischer Localnamen[3]), nicht minder die Erwähnung slavischer Colonien westlich der Ens im Traungau und an der obern Salzach noch im

Abstammung   8. Jahrhundert, ehe noch die Heere der Franken die Ens überschritten[4]). Aller Wahrscheinlichkeit nach gehörten diese Slaven in Nieder- und Ober-Oesterreich dem Stamme der Slovenen an, wie ihre Nachbarn in Karentanien und z. T. auch in Pannonien; für die Siedlungen nördlich der Donau wäre an sich auch čechischer Ursprung möglich, da indess die Einwanderung offenbar die Donau aufwärts erfolgte, so ist wenigstens für die Colonien in der Nähe des Stromes slovenische Begründung wahrscheinlich.

Die Deutschen nannten die Slaven der Ostmark Sclavi[5]), Slavi[6]), Sclavanii[7]), Winidi[8]), Winades[9]); für das Adjectivum kommen vor: sclavinicus, sclavanicus, sclavo-

---

[1] Noch mag hier an die merkwürdige Tatsache erinnert werden, dass noch um 870 in Pannonien sich Reste der Gepiden erhalten hatten, deren Reich ungefähr 300 Jahre früher durch die Avaren zerstört worden war, s. Conyers. Bagnar. c. 6: De Gepidis ... quidam adhuc ibi resident, ...

nicus[1]); das Land selbst heisst Sclavinia, Sclavinica (sc. terra), Winidorum marca[2]). Das allein würde die Landschaft als eine wesentlich slavische erkennen lassen; doch ist es möglich, an der Hand einzelner Andeutungen und namentlich der Localnamen die Verteilung der slavischen Niederlassungen ziemlich in's Einzelne zu verfolgen. Natürlich lässt sich nicht mit absoluter Sicherheit behaupten, dass nicht einzelne dieser Namen erst nach dem 9. Jahrhundert entstanden seien, so gut wie im Traungau unter bairischer Herrschaft Slaven sich ansiedelten; auf der andern Seite aber kann in diesem Falle das Alter einer Niederlassung oder einer Benennung ebensowenig nach ihrem doch mehr oder weniger zufälligen Vorkommen in Urkunden und andern Quellen bemessen werden[3]).

Wir fassen zunächst das südliche Ufer der Donau bis zum Wiener Walde, slavische Niederlassungen. den Kern der Ostmark, in's Auge.

Im Gebiete der Ens ist der Name der Ramingbäche, von denen der eine bei Ens. Steyer, der andere oberhalb bei Gross-Raming in die Ens mündet, slavisch: die ältesten Formen lauten Rubinicha, Rubnicha, Rubincha, und die Wurzel ist rovu, Grube, Graben[4]), eine Bezeichnung, die durch die tief eingeschnittenen Täler beider

---

1) 893 Kr. 3. — Um 890, Fris. 3. — 979, Mon. boic. XXVIII a 227. — 2) s. S. 12. — 3) Die einzige, wenn auch unvollständige Sammlung der auf die Slaven Nieder-Oesterreichs bezüglichen Stellen bietet Heyrenbach in den Abhandlungen der k. böhm. Gesellschaft der Wissenschaften 1795(II), 1 ff., vgl. Šafařík, Slav. Altertümer II, 337 ff., eine kleine Zusammenstellung slav. Ortsnamen Keiblinger, Melk I, 65; manche derselben hat Miklosich gedeutet, dessen Arbeiten jedenfalls die festeste Grundlage für slav. Ortsnamenforschung überhaupt bilden (vgl. die Bildung slav. Ortsnamen aus Appellativen I u. II, in den Denkschriften der Wiener Akad., ph. hist. Cl., XXIII, die Bildung slav. Ortsnamen aus Personennamen, a. a. O. XIV, die Bildung slav. Personennamen a. a. O. X. Eine umfassende Zusammenstellung čechischer ON. u. PN. giebt Erben im Register zum Cod. dipl. Morav. I., eine solche neuslovenischer Kozler, Imenik mest, tergov in krajev, zapopadenih v zemljovidu slovenske dežele, 1864 (Verzeichniss der auf der Karte des sloven. Gebietes enthaltenen Städte, Märkte und Orte des sloven. Gebietes). Der folgende Versuch hat also kaum den Vorteil eingehender Vorarbeiten gehabt und wird deshalb selbst vieles Unsichere bieten, nimmt auch keine absolute Vollständigkeit für sich in Anspruch. Alle Stellen, wo die einzelnen Namensformen vorkommen, aufzuführen, würde den mir zugemessenen Raum weit überschreiten; ich gebe deshalb für jede Namensform nur die mir bekannte älteste Stelle, und von den Namensformen bei den häufig genannten Orten nur die älterer Zeit. Noch erwähne ich dankbar, dass die folgende Zusammenstellung Herrn Professor Dr. A. Leskien in Leipzig vorgelegen und derselbe mich in der freundlichsten Weise beraten hat; die auf ihn direct zurückgehenden Bemerkungen sind mit [L.] bezeichnet. — Die Transscription slav. Wörter ist die jetzt allgemeine: c lautet also überall wie z, v wie w, z wie s, ž wie tsch, š wie franz. j, š wie sch, ř wie r mit nachgeschlagenem fr. j, ě wie je, ї und u bezeichnen die im Altsloven. und noch jetzt im Bulg. gesprochenen, sonst nicht mehr hörbaren, nur im Russ. und Serb. noch geschriebenen Halbvocale. 4) Rubinichu, Rubnicha, Rubnicha 1082 OÖ. UB. II, 146 f. Rubinič ca. 1110 a. a. O. 131. Rubicha (?) ca. 1110 a. a. O. 133. Roubinich 1140 a. a. O. 188. Rubiničko 1150 a. a. O. 1, 132. — W. altslov. rovu, fovea, nslov. rov, Steinbruch. Davon nslov. Rov, Rove, Rov-ine (Krain). Miklosich ON. a. App. II. s. v. Rubnicha (der Vocal in der ersten Silbe schwankt, s. die Form Roubinich, auch Rubnicha kommt vor, OÖ. UB. II, 694 ca. 1230) würde sein = Rov-in-ica, ein aus dem Adjectiv gebildetes Diminutiv. Schwierigkeit bereitet die wunderliche Endung -icha (-iche, -ich). Sie kommt in zahlreichen ON. Oesterreichs mit entschieden slav. Wurzel vor und wechselt zuweilen mit der Endung -ica (urk. -itz, -izze, -iz) in demselben Namen (Foustrico neben Foustrich, jetzt Feistritz, in derselben Urkunde

Bäche ihre Bestätigung empfängt. Lagen doch auch um **Steyer** westlich der Ens mehrere slavische Dörfer. Die Ens weiter aufwärts tragen Ort und Bach Gallenz in einem Nebentale des Hauptflusses einen slavischen Namen[1]).

Dichter als im rauhen Gebirgslande östlich des Grenzflusses lagen slavische Orte im Gebiete der Ips. Gleich im Ipsfelde begegnet **Trisenegg**, um 1070 Triesnicha[2]), weiter aufwärts auf dem Gelände, das nach dem Hoch-Pyraberge sich erhebt, liegt Ferschnitz, 1034 Phezniza[3]), an einer Stelle, wo eine römische Inschrift schon eine antike Niederlassung bezeugt[4]); westlich Reudling, 1034 Rudnicha, wohl aber nicht identisch mit dem mons qui sclavonice dicitur Ruznic (979)[5]), näher dem Gebirge zu zwei Orte des Namens Windischendorf[6]), der stets auf slavischen Ursprung deutet, zugleich aber erst in einer Zeit entstanden sein kann, wo slavische Dörfer zu den Ausnahmen gehörten. In derselben Gegend fällt von rechts die Zaucha, 979 Zucha, in die Ips[7]). Da ferner, wo der Fluss aus dem Gebirge tritt, bezeichnete später das slavische Gleiss den Durchbruch[8]). Aber auch höher hinauf sind slavische Siedler ge-

---

1171, Steierm. UB. I, 501. — Glednizze 898 a. a. O. N. 12. Glodenich 1155, N. 388. — Ychenix, im 2. Original Giesenich 1287 Font. rer. Austr. II, 1, 313. — Losnitz, Fluss in Ober-Steiermark, 1141 Laznika, St. UB. I, 117, 1185 Lazmich a. a. O. 160. Losnitz, Fl. in U. Steiermark, ca. 1130 Lossnich, a. a. O. I, 147. — Pesnich 1139, St. UB. I, 182, Pesnitza ca. 1145 N. 227, in USt. — Timenitz, 1167 Timenich, St. UB. I, s. 466. — Aus -ica kann die Endung -ichn nicht entstanden sein, aber es kann eine feminine Nebenform auf -ika zu Grunde liegen (entspr. dem muscul. -ik; denn, Haus, domik, Häuschen, die dann durch die gewöhnliche -ica ersetzt wird. So kommt vor russ. zemljamka neben zemljanica, Erdbeere, serb. trstika, Rohr, slov. lesnika, wildes Obst. [L.]

1) Ayelenze 1110, UB. o. d. E. II, 188. Abilenzi ca. 1150 a. a. O. 251. Gavelenz 1163 a. a. O. 328. Gabelenz (Fluss) ca. 1190 a. a. O. 426. — W. aslov. jablaut, Apfelbaum, so Miklosich ON. a. App. II, Nr. 169. Analoga: nslov. Jablan-ce, Jablan-ica in Krain, čech. Jablon ce, germanisirte oberhaus. Form Gablenz. G ersetzt häufig slav. j, und gewöhnlich fällt j im Anlaut ganz weg, so Afriach für I.. Javorje in Kärnten, Miklosich a. a. O. Nr. 182. Abd. „Apholtra", Apfelbaum, s. Förstemann NB II[2] 93. 2) Fontes II, 1, 87. W. asl. trústi, Rohr, so Miklosich ON. u. App. II, N. 697. Bildung wie bei Rubnicha; trustonicha, Analoga: Trstenik in Krain, Trstenica in Croatien und Dalmatien; Trstenik in Serbien, deutsch entspricht „Rohrbach". — 3) Mon. boic. XXIXa 15, Fontes II, 1, 75. W. bazu, Hollunder, Flieder, davon nslov. Bzov-je, deutsch Hohlern in Kärnten, čech. Bzenica, Bzence, vgl. Miklosich a. a. N. 51. — Phezniza entspricht einer Form Buzen-ica, mit der häufigen Verwandlung des slav. b in deutsch f (ph) (so nslov. Blatnica, deutsch Flattnitz, Miklos. N. 14), deutsch etwa „Hohlern". — 4) Kenner, die Römerorte S. 209. 5) s. Anm. 2. W. ruda, rote Erde, Erz, so Miklosich N. 543, čech. rudok, Bergarbeiter. Adject. zu ruda rudny, davon rudnica, Bergwerk; Rudnicha Kadnica, dafür Ruznic mit Verwandlung des d in zz vgl. nslov. ruzda, rubigo; Frauznich cn. 1110, Fredinz 1139, UB. o. d E. II, 131, 185. 6) Das eine in der Pfarre Ferschnitz unfern der Ips, 1117 Windischendorf, Fontes II, 1, N 159, vgl. Keddinger Melk II, 440 Anm. 1, das andere unterm Steinakirchen, 1178 Windischendorf, UB. o. d E. II, 353. 7) Zucha rivus 979, Mon. boic. XXVIIIa 22; Zuchaha Byzans 1040, Fontes II, 1, N 459. W. asl. sucha, trocken, dürr, so Miklosich N 640. Analoga: nslov. Suha vas, deutsch Dürrnbach, čech. Sucha (alt Zucha, Zuha, Sucha); Zucha ha wohl nicht germanisirte Endung -aha. Deutsch etwa „Dürrenbach", d. i. ein Bach, der im Sommer trocken liegt, entspr. ital. torrente. 8) Fick s 994. Mon. boic. XXVIIIa 258: locus, ubi Gluzo Sclavus habebat aliquos agros ... qui in vulgari lingua nuncupant Gluzengizazi, wahrscheinlich identisch mit einem dem Ort bereits 1118 zu Gluss in einer inedirten Freisinger Urk., die ich der Güte des Herrn Gerichts Hundt in München verdanke. Gluz 1160, Steir. UB. I, N 425. Glauze 1158, Fontes

drangen, gelockt vermutlich von dem Erzreichtume der Landschaft um Waidhofen, denn ihrer Sprache gehört wenigstens in der Endung der Name Ipsitz an, um 1100 Ibsici[1]), der „die kleine Ips" bedeutet, so aber heisst der Bach bei Ipsitz noch jetzt. Am Oberlaufe des Hauptflusses tragen endlich noch Oppenitz, 1267 Opocniç[2]), und Gössling, 1310 Gestnich[3]), wie es scheint, slavische Namen. — Auch der Strich an der Url und nach der Donau hin war bereits von Slaven bevölkert. Ein Dorf in der Nähe von Seitenstetten heisst Weistrach, um 1100 Wiztrah[4]), ursprünglich jedenfalls der Name des Baches; bei Ardacker an der Donau fliessen zwei Bäche, die 1147 beide Trisnich (maior und arida) genannt werden[5]), und östlich von Ardacker liegt auf beherrschender Anhöhe, die ihm den Namen gegeben haben wird, der Ort Kollmitzberg[6]).

Die Anwesenheit slavischer Bewohner an der untern Erlaf bezeugt eine Urkunde vom Jahre 832, welche montem qui apud Winades Colomezza vocatur anführt[7]); es ist die Erhebung zwischen der untern Erlaf und der untern Melk. Damals also gab es noch Slaven in der Gegend, und jener Berg war nur unter einem Namen in ihrer Sprache bekannt. Ebenso gehört derselben der eines nicht weiter nachweisbaren Flusses Vistre (um 1100) an[8]). Auch hier aber schoben sich ihre Niederlassungen weiter südwärts in's Gebirge hinein vor: an der grossen Erlaf scheint der Name Scheibs slavischen Ursprungs[9]); sicher ist es der des Baches Jassnitz, 1287 Yeheniz und Giesenich[10]), der oberhalb Scheibs in die Erlaf fällt, und der des im schmalen Flusstale gelegenen Gaming[11]). Auch hier standen die Slaven auf dem Boden alter Siedlungen: in Scheibs haben sich römische Bronzefiguren gefunden[12]) und in der Nähe lagen reiche Erzbergwerke. An der kleinen Erlaf scheint Gresten slavisch[13]).

Erlaf

II, 4, 105. Zu Grunde liegt der PN. Glnša, čech. Hlnša, Miklosich, ON. a. PN. N. 67. Von der Vox hybrida Glnzen-gizazi, d. i. Glnša's Sitz, blieb später der deutsche Bestandteil weg, wie bei den rein deutschen Ortsnamen Gerungs, Göttfritz (Gottfrids), Irnfritz (Irnfrids), sc. Dorf, Hof.
1) Ibsici 1100, UB. o. d. E. I, 90, wohl für Ipsica, Ibsitz 1186 Mon. boic. XXIX b 31, Ibsize genannde, ubi rivulus Arcibach fluvium ibise ingreditur 1185, Pez, Script. r. A. II, 308; saltus Ibsitze 1201, Meiller, Babenb. Regesten 85 N. 21. 2) Fontes II, 31, 293 N. 270. 3) Gestnich 1310, Fontes II, 35, 59. Gössing bei Krems heisst ca. 1130 Goznicho, s. unten. W. wohl jasenú, Esche, davon čech. Jasenik, Jesenice (Fluss), vgl. Miklosich ON. a. App. II N. 180. — 4) Wiztrah 1110, UB. o. d. E. I, 134. Wiztrahe 1120 a. a. O. 143. Widraha 1150 a. a. O. 478. Wiztra 1170 a. a. O. 179. W. bystrica, schnell, reissend. W für slav. b im Anlaut häufig in den Formen des steirischen Namens Feistritz, z. B. Wrstritz ca. 1135 Steir. UB. I, N. 153, 1147 a. a. O. S. 278. Wistriz, ca. 1175 S. 541 f., vgl. Weisseritz bei Dresden, Weistritz in Schlesien, Wiztra ist das Femin. bystra, sc. reka, Fluss. — 5) UB. o. d. E. II, 238. Die Deutung s. S. 14, Anm. 2. - 6) Deutung s. nächste Anm. — 7) W. aslov. hlúmn, collis, davon nslov. Kolnitz, čech. Chlumec, vgl. Miklosich N. 148. Colomezza = hlúm-ica, dimin. 8) Er ist in dieser Gegend zu suchen; W. bystra. UB. o. d. E. I, 90. 9) Seibes 1160, Steir. UB. I, 401. Schibis 1160 UB. a. d. E. I, 353. W. etwa siba, Rute, virga, so Miklosich N. 664, davon kroat. Sibice, Sibovar. Seibes würde sein = Sibice. — 10) Font. r. A. II, 31, 313. 1334 Jesnitz, Font II, 35, 221. W. jasenie, Esche; vgl. „Eschenbach". 11) Gäminch 1262 UB. o. d. E. III N. 308. Gamnich 1264 N. 318. Gemnik 1271, Font. II, 31, 326. W. jama, Grube, so Miklosich N. 177. Analoga nslov. Jama, Jamnica, Jamnik, Jamnica; čech. Jama, Jamnice. Gemnik = Jamnik. 12) Kenner 213. 13) W. brzdšč, Gezweig, Reissig, nslov. u. serb. hrast, Eiche, in ON. entspr. dem deutschen „Hart", čech. chvrast, chrast, Durngebüsch. Davon Hrast, Hrastnik, Hrastnice in Krain, kroat. Hrastina, čech. Hrastnice. Gresten durch Umlaut aus Hrastina und identisch mit Garsten bei Steyer, 985 Garstina.

Weiter östlich wird man den Namen des allbekannten **Melk** und des gleichnamigen Flusses als slavisch in Anspruch nehmen dürfen. Die ältesten Namensformen sind Magalicha 861, Medelicha 892, diese behauptet sich nun mit geringen Veränderungen[1]). Das nahe Dorf Winden am Melkflusse deutet ebenso auf slavische Bewohner[2]). Eine relativ dichtere slavische Bevölkerung tritt im Gebiete des nahen **Bielachflusses** auf. Dafür spricht der Name des Flusses selbst, 811 bereits genannt in der Form Bielaha[3]); ihm südlich liegt Schala, 1132 Scalah[4]), von derselben Seite ergiesst sich in ihn die Sirning, 853 Sirnicha[5]), an deren Quellen der Flecken Külb sich erhebt[6]); in die Bielach selbst, da wo sie aus dem Gebirge tritt, fällt der Edlitzbach bei Weinburg[7]), und an ihrem von hohen Bergmassen umschlossenen Oberlaufe führt ein wildes Nebental den Namen Tradigist, der aus Rategast entstanden ist[8]), ein Berg und Bach bei Rabenstein die Benennung Zögernitz, alt Zekkirniz[9]). Nicht weit entfernt liegt das kleine Dorf Teutschbach und weist in seinem Namen auf eine Zeit zurück, wo die Deutschen in dieser Gegend noch die Ausnahme bildeten.

Auch in das noch jetzt wenig bevölkerte und zum grössten Teil bewaldete Gebirgsland zwischen Melk und Mautern scheinen slavische Siedler gedrungen zu sein, wenigstens gehört der Name des Gansbaches, der jetzt auch einen Ort bezeichnet, wohl ihrer Sprache an, denn er heisst 1190 Gamizbach[10]), und vielleicht haben Slaven auch zuerst in Rossaz (an der Donau westlich Mautern) sich niedergelassen[1]).

In der Landschaft an der untern Traisen, im Grunzwitigau, zu dem wohl auch das Gebiet der Bielach gehörte, sind slavische Niederlassungen urkundlich bezeugt. Im Jahre 828 wohnten freie Slaven in der Gegend von St. Pölten[2]), und am Hollenburg zwischen Mautern und Traismauer wird um 890 eine sclavanica hoba als Eigentum von Salzburg erwähnt[3]). Die bei Göttweih in den Paltbach mündende Fladnitz, ca. 1050 Fladniza, weist ebenfalls auf slavische Bewohner der Gegend[4]), vielleicht der Name Palt selbst, sicher wieder das Dorf Winden bei Herzogenburg[5]). Auch das Traisental aufwärts, das durch herrliche Gebirgslandschaft nach reichen Fundstätten des Eisenerzes in Ober-Steiermark leitet und vermutlich schon zu römischer Zeit als Verkehrsweg diente, haben slavische Siedler sich Bahn gebrochen: dafür zeugt der Name des Nebenflusses der Traisen, der Türnitz, 1209 Durnz[6]), der beim gleichnamigen Orte in prächtigem Talkessel mit dem Hauptflusse sich vereinigt.

Minder scheint das fruchtbare Tullner Feld, dies alte Culturgebiet Nieder-Oesterreichs, wo in Traismauer, Tulln und Zeiselmauer die Römer ihre Wohnstätten gegründet, auf die Slaven seine Anziehungskraft ausgeübt zu haben. Nur die Perschling, welche die Mitte der ganzen Ebene durchschneidet, haben sie wohl benannt[7]) und nicht minder den Ort Reidling, ca. 1080 Rudniche[8]), wie das jetzt verschollene Tripoliza[9]). Das südwärts angrenzende Hügelland dagegen haben sie allem Anscheine nach noch nicht in den Bereich ihrer Niederlassungen gezogen.

Traisen

Tullner Feld

---

1) Rossezza ca. 950, Mon. boic. XXVIIIb 86. Rossaz ca. 1170 Fontes II, 8, 76. Ob verkürzt aus Rogozee von W. rogozn, Rietgras? vgl. čech. Rohozec, Miklosich N. 538. Auch das deutsche briad, Rietgras, carex, wird zur Bildung von ON. verwendet. Förstemann NB. II² s. v. 2) Kr. 1. — 3) Fris. 3. — 4) Fontes II, 8, 117. — Fladniza a. a. O. 249 a. 1083. Placthiz 1117 UB f. o. d. E. II, 151. W. blato, Sumpf, Kot, s. Miklosich N. 14. Davon čech. Blatna, Platna 1253 bei Erben I. 609, Blatnice 1052 a. a. 48. b für f auch in Feistritz aus Bistrica. Fladniza = blatnica. Palt müsste vom selben Stamme sein, mit Metathesis, so Miklosich N. 14 u. Erben I, 766, vergl. das Tal der Palta in Ober-Steiermark. — 5) Winedin ca. 1150 Steir. UB. I, N. 306. Winden 1184 u. 1185 a. a. O. p. 596. 613, über die Identität s. Keiblinger II, 1. 129 N 2. — 6) Kirchl. Topographie v. Nieder-Oesterreich VI, 402. W. trünü, Dorn, s. Miklosich II, N. 696. Davon nslov. Ternje, deutsch Dorn; Mali Tern, deutsch Klein-Tern; čech. Trnica. — 7) 834 Bersnicha, Reg. 3. 853 Reg. 5. Bersnicha, 893 Persiniceha Kr. 3. Persnicha 10. Jahrh. M. B. XXVIIIb 87. 1045 Bersnich M. B. XI, 153. Persinich M. B. XXIXa 82. 1083 Persniccha, Persnikha, Fontes r. A. II, 8, 251, vgl. Förstemann NB. II² 239. Erben I, 767 transscribirt Březnica und leitet damit den Namen ab von W. bŕeza Birke, wie čech. Březnice (alt Breznice), Březnik (Breznik), mit einer gewöhnlichen Metathesis; so lauten alte Formen für čech. Brna: Perna, Pirne; für čech. Beno: Brene, Berne (Brünn: Bersnicha dann = Březnika, dimin. mit der Endung -ika, s. S. 13, Anm. 4, deutsch „Birkenfluss". — Aschbach Sitzungsber. XXXV, 16, sieht in dem Namen den ersten Bestandteil des röm. Ortsnamens Pirus tortus an der Perschling. Was soll dann aber die Endung -nika? 8) Rudniche ca. 1080 Fontes II, 8, 41, 55. Rudnicha ca 1100 a. a. O. 28. 51. Rudnich ca. 1100 a. a. O. 51. Rodenich 1125 Meiller Bb. Reg. 18 X. 35. Roudeniche 1120 Archiv IX, 256. Rudenich ca. 1160 Fontes r. A. II, 4, N. 606. — W. dieselbe wie bei Reudling, s. S. 11, Anm. 5. — 9) Es lag in der Nähe der Traisen. 978 Juvav. Anh. 201. W. tri, drei und pole, dimin. polica, Feld, Ebene, so Miklosich N 693. Ein russ. Tripolje liegt am untern Dnjepr, nw. von Perejaslav.

Den Uebergang vom Tullner Felde über den Wiener Wald bezeichnet vielleicht eine slavische Niederlassung, nämlich Gablitz, 1337 Gaebelicz, an der Wiener Strasse[1]). Auch sonst muss es solche an der ganzen Ostseite des Gebirges gegeben haben, darauf deuten die Namen der zahlreichen Bäche, welche der Wiener Wald in die Ebene hinuntersendet: der Liesing, 1002 Lieznicha[2]), der Medling (der Ort heisst um 903 Medelicha[3]), der Triesting, 1020 Triestnicha[4]), und Piesting, 1020 Pistnicha[5]). Es bezeichnet dagegen die Unsicherheit der weiten Ebene, die lange der Tummelplatz avarischer Reiterhorden war, wenn dort kein einziger Ort slavischen Namens vorkommt; nur Wienersdorf östlich von Baden, das noch Anfang des 13. Jahrhunderts Windischdorf hiess[6]), macht eine Ausnahme, indess liegt es nicht allzuweit vom Fusse des Gebirges entfernt.

Die Verteilung der slavischen Bevölkerung über das Gebiet südlich der Donau war darnach eine ziemlich ungleiche. Sie war sehr schwach im unmittelbaren Gebiete der Ens, ziemlich stark dagegen an der untern Ips und Erlaf, schob sich aber an beiden Flüssen tief ins Gebirge hinein vor. Am bedeutendsten erscheint sie im ganzen Gebiete der Bielach und an der untern Traisen, also im Grunzwitigau und im Treismafeld, schwach wiederum am östlichen Hange des Wiener Waldes. Auffallend gering ist die Zahl ihrer Niederlassungen in unmittelbarer Nähe der Donau; es scheint, dass die Slaven die Nähe der grossen, so oft von verwüstenden Horden betretenen Strasse eher mieden als suchten.

Im Lande nördlich der Donau kann hier nur der Strich berücksichtigt werden, welcher damals unter deutscher Herrschaft stand, also der dem Strome nahe liegende. Da begegnet zunächst unfern der Rötel, die damals vermutlich die Grenze gegen Baiern bildete, der Ortsname Grebelich, der zunächst nur eine Localität, keine Wohnstätte bezeichnet[7]). Einen slavischen Namen führt weiter der Jaunitzbach in der Nähe der Aist, 1147

Joweruiz[1]) und nach der auch sonst wichtigen Urkunde von 827[2]) erscheinen um
Puchenau bei Linz zahlreiche slavische Grundbesitzer, die seit langer Zeit schon hier
angesessen sind, denn eben die ältesten Männer, 21 an der Zahl, werden als Zeugen
über eine von Alters her bestehende Grenze vernommen. Aber obwohl die Leute
noch als Slaven kenntlich sind, den Baiern entgegengestellt werden, so deutet doch
die deutsche Benennung zweier unter ihnen (Egilolf und Waldrat) darauf, dass der
Process der Germanisirung bereits begonnen. Weiter gab es in der sog. Riethmarch,
das ist in dem ehemals dicht bewaldeten Striche um Aist und Narden, zwischen beiden
Flüssen um 853 freie und hörige Slaven[3]), und ebendort in der Gegend des heutigen
Gallneukirchen (nordöstlich Linz) wohnten noch um 1111 und 1115 slavische Grundbesitzer in den slavisch benannten Dörfern Pröselsdorf, 1111 Primizlastorf, Threbeia
und Threbinicha[4]).

Auf der Strecke zwischen dem Strudel bei Grein und der Mündung der Krems Von Grein bis
treten nur in der Nähe des Stromes slavische Localnamen in etwas grösserer Zahl auf, Krems.
während des Binnenland bis zum obern Laufe des Kamp so gut wie gar keine aufzu-
weisen hat. Bis zum Eingange in das grossartige Durchbruchstal der Wachau gegenüber Melk lassen sich etwa fünf auffinden, die Namen der beiden Bäche bei Grein,
Dimbach, 1037 Dumilicha[5]) und Sarming, 1037 Sabinicha[6]), der des Dorfes Sirning

---

1) 1147 UB. o. d. E. II, 132. Jowernize (major) ca. 1150 a. a. O. 478. — W. javorú, Ahorn,
s. Miklosich N. 182. Davon nslov. Javornica, deutsch Jauerburg in Kärnten, čech. Javornice, Javornik;
bei Görlitz ein Jauernik. Jowernize = Javornica.   2) Archiv XXVII, 255 N. 1, vgl. 294. —
3) Reg. 5.   Sclavi liberi et servi. — 4) 1111 UB. o. d. E. II, 141: ad Widelheim praedium, quod
tradiderunt Misico cet. Misico jedenfalls soviel als Mieczyslav (poln.), in deutschen Aufzeichnungen gewöhnlich Mieseo. — ad Primizlastorf praedia, quae dederunt Trebes-Primizla. Primizla ist Primislav, davon
der Name des Dorfes; 1115 Brumizlaistorf, 1125 Primizlaistorf, Erben I, 92. Trebes heisst 1115 Threbessa,
wohl von demselben Stamme wie čech. Třeba, 1088 bei Erben I, 81, Trěbato 1088 a. a. O. 79,
Trebiz in der Convers. — 1115 UB. o. d. E. II, 149: in Richmarcha liegen predium Marchowarli
Threbeia, predium Stoigei, predium Trebesse Brumizlaistorf — predium Penzonis Threbinicha.
Threbeia und Threbinicha gehören wohl derselben W. an, trěbiti = reuten, davon ON. wie čech.
Třebina (alt Trebine, Trewina), Třebenice (alt Trebenici), Erben I, 792, nslov. Trebenj in Kärnten,
Trebinec in Krain, Trebinja, Trebinje in Kroatien; ferner čech. Třebeč, Erben 791, nslov. Trebež in
Krain, Trěbija, vgl. Miklosich N. 692. Trebeja würde der Form Trěbija entsprechen, Threbinicha
einem Trěbinica, mit der Endung -ika für -ica, beide Namen aber s. a. Gerent, Reut bedeuten,
ganz entsprechend dem Waldcharakter des Striches. — PN. Stoigei von W. stoj-, stare, davon čech.
Stoj, alt Stoy, Stojo, Stoje bulgar., s. Miklosich PN N. 364. — 5. Mon. boic. XXVIIIb 84 Tuminichi
1049 a. a. O. XXIXa 97. Timnich 1144 UB. a. d. E. II, 192. Timnike (Ort) 1209 a. a. O. 519.
W. timeno, lutum? Miklosich N. 678, davon nslov. Timenca, deutsch Timenitz in Kärnten, Temenica
in Krain, čech. Temenice, oder W. tima, tenebrae, Miklosich N. 703, davon serb. Tmňňa (Bach) und
das kärnt. Timenich, j. Timenitz, s. S. 13, Anm. 1. Dem letzteren würde Dumilicha. Tuminichi entsprechen,
also deutsch etwa „Finsterbach", bei der waldigen Umgebung des Dimbaches recht zutreffend.
6) Mon. boic. XXVIIIb 84 Sabinichi 1049 a. a. O. XXIXa 97. Sabenikhe 1147 UB. o. d. E. II, 236.
Sabenich 1149 Archiv IX, 313 N. 1. Erben I, 806 transcribirt Žabnica, das setzt voraus W. žaba,
Frosch, s. Miklosich N. 778, davon nslov. Žabnica in Krain, Saifnitz in Kärnten; Sabniza: rivulus,
qui vocabulo Sclavorum Zabniza nuncupatur, N. 973, Fontes II, 31, 38. Sabniza, Sebnitz in Sachsen,
Sabinicha also = žabnica, mit ika statt ica. Die Verwandlung des z in s auch in den slov. Formen.

bei Persenbeug, ca. 1190 Sirnik[1], des Ortes Loiben unfern der Mündung des Weitenflusses[2], endlich der seines Nebenbaches, der Feistritz, Fustriz ca. 1110[5]. Weiter abwärts führt die ganze Bergmasse links des Stromes den slavischen Namen Jauerling, 830 Ahornicus mons[4] und der von ihm herabfliessende Miesslingbach verdankt ebenso den Slaven seine Bezeichnung, die 830 Mustrica lautet[5]. Westwärts von Spitz etwas landeinwärts deutet auf slavische Siedler der Ort Ranna, im 11. Jahrhundert Rauwana, Rauna[6], und auch das allbekannte Dürrenstein ist trotz des scheinbar rein deutschen Klanges schwerlich von Deutschen benannt worden[5], so wenig wie das benachbarte Unter-Loiben[8]. Ebenso haben Slaven zuerst die Krems mit Namen bezeichnet[9]), wie sie denn unzweifelhaft in und über den tief eingeschnittenen Tälern des Hauptflusses und jener beiden Quellbäche mehrfach ihre Niederlassungen gründeten. Bei der

---

1 Steir. UB. 1. 694. W. s. s. 16, Anm. 5. — 2) Dasselbe Wort wie Lupina, s. Anm. 8. W PN Ljubů, amatus, s. Miklosich, ON. a. PN N 184, PN N 207, davon uslov. Ljubina, -ana, -ene, Leuben, Luben, Lauben, Lubene, Lubin, alles Formen für die jetzt Leobeu genannte Stadt, Steir. UB. I Register, s. v. čech. Libina, Ljubina, Erben I, 119 a. 1146. Libin, Ljubin a. a. O. 85 a. 1102. oberlaus. Leuba bei Görlitz, Löbau, Laubau. — 3) Um 1100, Fontes II, 8, N. 216. Fuestriz 1124 a. a. O. N. 265. Vustriz (Ort ca. 1120 a. a. O. N. 379. Feustritz ca. 1300 N. 351. W. bystrů, schnell, reissend, s. S. 15, Anm. 4. Der dumpfe Vocal in der ersten Silbe auch in den steirischen Formen: Fustriza 1146, Fustriz 1206. 4) Mt. 2. W. javora Ahorn, so Miklosich ON, a, App. R. II N 182. Davon uslov. Javornik, auch im čech. u. oberlaus. serb., s. lumisch, Die slav. Ortsnamen in der südl. Oberlausitz, s. 13. Ahornicus ist eine germanisirte Form, und ich möchte behaupten, dass es aus der slav. einfach durch Anlehnung an eine deutsche Wurzel entstanden sei, die hier auch vom Klange nach so nahe lag, ohne dass das Wort doch wirklich deutsch ist, denn der germanische Charakter der Endung -ik ist äusserst zweifelhaft, s. Förstemann XB. II² 30. Diese german. Form drang aber nicht durch. 5 Mt. 2 1231 Möstinkeh Curia an dem Bache, Fontes II, 8, 295; lablit den Uebergang zur modernen Form Miessling. W bystra, so Miklosich N. 45. Der Uebergang des b in b in andere Labiale ist ist nicht ohne Beispiel, vgl. die deutsche Form Agram für das kroat. Zagreb, und ähnlich steht aslov. cruvenú rot neben crumim, čech. Červena neben Čermna u.s. Da erster Rotenmann am Tauern hiess slov. Cirminah. Mustrica also bystrica, Feistritz. 6) Fontes II, s. 51, 61 Raubnah 1108. Rawana ca. 1165 a. a. O. 97. Rawina ca. 1180 a a. O. 80, davon 1171 Fonte II, 3, 58 Meiller, Bbg Reg. 12 N. 6. W rovnu eben, s. Miklosich p. 225. Davon auch Ravno, Ravna, Ravnice deutsch Raunach, čech. Rovna, Erben 779. Die österr. Form ist wohl einfach das Femininum ravna, vgl. unser deutsches „Ebenheit". 7 Tiernsteine um 1200 UB. d. E. II. 416. Dürnstein ca. 1200, Fontes II, 4, N. 452. Tiernstein 1216. Meiller 118 N 145. Tirnstein 1265. Fonte II 24, 46. Noch jetzt wird gelegentlich Tyrnstein geschrieben, sowohl der gewohnt Form Dürrenstein lautet. Zu Grunde liegt wohl W trnu, Dorn, s. S. 17, Anm 6 also Dornstein was die zackigen Felsen, auf denen die spätere Burg sich erhob vortrefflich charakterisirt. Ternstein at. suv. hybrida, wie Ternhof, Miklosich N 596 s Lupina 864 Slzb 2. Lubine 955 Juv. 201. Lupina 1067, Mon hoic VI, 167. Lüben 1074 UB d. E II, 100, W PN ljubu v. oben Anm. 2 s Chrenza 295 Mon boic XXVIIIa 268. Cremisa 1014 Meiller 4 N. 9 Chrems 1112 z. s. 12 N. 5 Chremise ca 1135 Fontes II, 8, 93 Chremse 1140 Meiller 27 N. 44. Charmse 1140 z a 17 N 37 Chrems 1174 a a O 50 N 79 W čech. krem, kremen, Kiesel, bayr. Gruss N 301. Davon ein Kremsa Berg in Karnten, Krem bei Gratz in Steiermark, das 1184 Kremser Eriaht II ss 416. 1192 Chrems, Meiller „0 N 34 auch Kremsen, Kremyz, kremze, Leben 31 413 Lupina ergibt sehr oft Formen Kremze. Hau legt dann die kürzere Form kremz zu Grunde, welcht sich seit dem 12 Jh. Miklosich ON zu Type I al s Kremezn „Kieselbach".

heutigen Stadt Krems wird ein mons Geblinch 1290 erwähnt[1]), bei Meissling lag noch 1111 ein jetzt verschollenes Windiscendorf[2]), nördlich davon erscheint Taubitz, 1232 Toupbezze[3]), endlich zwischen der grossen und kleinen Krems, nordöstlich von Kottes, das Oertchen Scheiz[4]).

Weiter nordwärts sind slavische Colonisten am Kamp gedrungen, dessen Tal *Kamp* dann sicher bis über Stiefern hinaus in deutsche Hände überging. In der Donauebene, im Angesichte der dichtbewaldeten Auen und Inseln des mächtigen Stromes, liegt das slavische Theiss, 1097 Tissiza[5]), weiter aufwärts am Ausgange eines westlichen Nebentales Laugen-Lois, ca. 1083 Liubisa[6]): um die Stiefern wohnten ca. 900), wahrscheinlich als homines des Bischofs Waldo von Freising und des Schenkgebers Joseph unter deutschen auch slavische Männer[7]), und slavisch klingen die Namen der benachbarten Orte Plank[8]), Ternitz[9]) und Gars[10]).

Oestlich des Kamp fehlen dem Striche nahe der Donau Niederlassungen der *Tullner Becken*. Slaven fast ganz: eben die fruchtbare Nordhälfte des Tullner Beckens scheinen sie geflissentlich gemieden zu haben, sei es aus Scheu vor den Ueberflutungen des wilden Stromes, sei es, weil sie den schweren Boden des Schwemmlandes mit ihren schlechten Werkzeugen nicht zu bearbeiten vermochten, wie sie so häufig gerade die fruchtbarsten Auen dem starken Pfluge der Deutschen überlassen haben. So kommt um 1109 ein Dorf Borz unweit des jetzigen Altenwört vor[11]); jetzt ist es verschwunden, wahrscheinlich weggespült. Dagegen liegt über der Ebene, am Abfalle des nördlichen

---

1) 1290 Fontes II, 3, 458, jetzt „der Gebling", Keiblinger Melk II, 2, 19. W. wohl jablaní, s. S. 14, Anm. 1, Geblink dann = Jablanik. — 2) 1111, Meiller 12 N. 7. — 3 Meiller 150 N. 11. W. dąbn, arbor, quercus, davon nslov. Dobec. čech. Doubice, deutsch Daubitz; Toupbezze – Dąbica. — 4) Shibz 1216 Fontes II, 8, 289. Scheiltz 1302 a. a. O. 191. W. šiba, s. S. 15, Anm. 9. — 5) Tissiza 1097, Fontes II, 8 N. 139. Tiscizin ca. 1114 a. a. O. 13 N. 38. Tizizi 1108 a. a. O. 262. Tizze 1160 a. a. O. 68. W. tisu, Eibe, Miklosich II, N. 679; davon nslov. Tisav (Tisov), deutsch Eiben, čech. Tis (Tiz, Tizu ; Thize, Tizze bei Erben. — Tissiza = slav. tisica, dimin., Tizizi viell. nom. pl., Tiscizin etwa = Tisicina? Tizze könnte der nom. pl. sein, d. i. tise [L.]. 6' Liubisa ca. 1083 Fontes II, 8, 3. Leubis ca. 1140, UB. o. d. E. 1, 555. Liubes ca. 1160 a. a. O. 67. Leubes ca. 1160 Fontes II, 3, 557. Liubis 1213 a. a. O. 64. W. PN Ljub, s. S. 20, Anm. 2. — 7 Fris. 4. Die Namen sind Ratheis (wohl Rustiz, Rastislav), Prozilo, Prozila, Tribagos, Pretimir. — 8) Plennike 1113, Meiller 13 N. 12. Plennich 1157 a. a. O. 41, N. 43. Plawinich 1168 a. a. O. 47, 70. Plawenich 1164 Keiblinger Melk II, 2, 104. Plaunichc 1130 Fontes II, 1 N. 465. Plenich 1254 Mon. boic. XXIX b 216f. W. asl. plaviti flössen, schwemmen, Miklosich N. 411, davon kroat. Plavnica (Bach), auch oberserb. Plawnicz, Plawenicz : Planitz in Sachsen. Die urspngl. Form des österr. Namens wird Plawinika sein, also einen Ort bedeuten, der Ueberschwemmungen ausgesetzt ist, und dies ist bei Plank der Fall, s. Keiblinger Melk II, 2, 80.   9) Urkundlich mir nicht bekannt. W. muss trnn, Dorn sein. — 10) Gars 1111 Meiller 13 N. 14. Gor- 1122 a. a. O. 15, 22 (castrum), die gewöhnliche Form, Gorse 1156 a. a. O. 37 N. 31. W. wohl gora, Berg, davon dimin. gorica, vgl. Goerz bei Triest, das auch aus gorica entstanden ist, beide Formen mit Elidirung des i [L.]. Der Name wird sich zunächst auf den Burgberg beziehen, der lange Sitz der Burggrafen von Gars war, Meiller Anm. 103. — 11) Porz ca. 1109, Fontes II, 8, N. 151. Porce a. a. O. N. 259 ca. 1145. Porzo ca. 1170 a. a. O. N. 297. W. po, an, reka, Fluss, Porce also – po reké, po reči (der Ort am Fluss, der Lage ganz entsprechend, wend. Poriz, vulgo Portsch, immisch 20, vgl. nslov. Poreče, čech. Poříčí (all Poreze, Poretz), Das e fällt aus (Porce), weil der Ton im Deutschen auf die erste Silbe zurückgeht.

Hügellandes der **slavisch benannte Ort Gössing**, ca. 1130 Gozniche[1]). **Was weiter nordwärts sich ausbreitet**, war damals, während des 9. Jahrhunderts, noch nicht deutsches Gebiet, kann also hier nicht in Betracht gezogen werden.

So stellte **sich nach Allem zu urteilen die Ostmark, da sie die Franken ihrer Botmässigkeit unterwarfen**, dar als ein dünnbevölkertes Land, bewohnt vielleicht noch von romanischen **Resten um die sinkenden Trümmer antiker Castelle und von neueingewanderten Slaven, die in der Regel entfernt von der** grossen Römerstrasse, in den Tälern der **Nebenflüsse ihre Dörfer bauten und ein kärgliches** Dasein fristeten bei **Fischfang. Viehzucht und dürftigem Ackerbau, vielleicht auch hier** und da das Erz **der steierischen Berge zu bearbeiten verstanden, als ein Wild- und Waldland,** aus **dem wie Inseln die Lichtungen der Menschen** hervorschimmerten, durchrauscht **von dem mächtigen Strome, der, lange fast nur Wallgraben, jetzt** zuerst eine grosse **Culturstrasse werden sollte.**

Die politische Organisation **des eroberten Landes hat** im Laufe des 9. Jahrhunderts mannigfache Veränderungen **erfahren, doch** griffen diese nicht tief ein und die Grundlagen blieben dieselben **wie in** anderen Markgrafschaften[2]).

Sicher war demnach die **Ostmark** wiederum in kleinere Bezirke gegliedert, **denen Unterbeamte der Grafen vorstanden, wie ja auch** anderwärts die Gaue **in Hundertschaften** zerfielen **und Beamte mit verschiedener** Benennung sie verwalteten. **Als solche Bezirke** sind sicher **der Grunzwitigau und der Gau** Treismateld **aufzufassen. Jener,** den man früher auch am linken Donauufer unfern von Passau, oder auch an der mährischen Grenze suchte[3]), umfasste unzweifelhaft den Landstrich westlich von der Traisen und mag seinen Namen von der schon zur Zeit Karls des Grossen erwähnten curtis Grunzwita erhalten haben. Er wird bereits 828 als pagus Grunzwin, dann wieder 888 erwähnt[4]). Der zweite muss schon seinem Namen nach in der Nähe der Traisen gelegen haben, und da **die villa Drousinindorf, d. i. Drasdorf im Tullner Felde,** 868 zu ihm gehört[5], so **mag er die Landschaft rechts der untern Traisen in sich begreifen.**

Dieser Einteilung entspricht es, wenn um 906 auf dem Landtage zu Raffelstätten im Traungau die iudices orientalium auftreten, die unzweifelhaft mit den kurz darauf mit Namen genannten vicarii identisch sind[1]), bezeichnen doch beide Namen die Vorsteher der Hundertschaften[2]).

Mit der Ostmark war unter derselben Verwaltung der altbairische Traungau verbunden, der den ganzen Landstrich zwischen der Ens im Osten, der Donau im Norden, dem Hochgebirge im Süden, dem Hallstatter See, der Traun, dem Gmundener See im Westen umfasste und im Nordwesten etwa durch eine Linie von Gmunden bis Engelhardszell an der jetzigen Grenze Ober-Oesterreichs und Baierns begrenzt wurde[3]). Schon Graf Werner gebietet im Traungau (805), dann Gerold (814), unter ihm Wilhelm (820), ebenso Aribo (zwischen 876 und 906)[4]). So tritt hier dieselbe Verbindung einer Grenzgrafschaft mit der Markgrafschaft, die sonst nur ausnahmsweise vorkommt[5]), als Regel auf, und die herrliche Landschaft an der grünen Traun, welche schon gegen das Ende des 8. Jahrhunderts hin relativ dicht bevölkert war, konnte um so mehr ihrer Bestimmung genügen, der feste Halt zu sein für die Behauptung der Eroberung jenseits der Ens und das Mutterland für ihre Colonisten.

Der Traungau.

Die Gewalt der Markgrafen stellt sich als ebenso umfassend dar wie anderwärts. In ihrer Ausübung concurrirten aber beide Oberbeamte, der übergeordnete Graf von Ober-Pannonien und der ihm untergeordnete der Ostmark: Graf Gerold (II.) z. B. liess 828 durch seine Beauftragten die Grenzen eines Gutes im Grunzwitigau bestimmen wie Ratbod i. J. 836 in einer ähnlichen Angelegenheit am Westabhange des Wiener Waldes um Kirchbach erschien[6]). Hier treten die Grafen zunächst in ihrer Stellung als Verwaltungsbeamte auf: dasselbe ist der Fall, wenn sie ein placitum, ein Ding abhalten, wie dies das Capitulare Karls d. Gr. i. J. 802 für die Landtage der ganzen Grafschaft jährlich dreimal, für die Versammlungen der Hundertschaften, die wesentlich als Gerichtssitzungen dienten, aller 14 oder 40 Tage vorschrieb[7]). Für beide Fälle bieten sich Beispiele. Als eine Bezirksversammlung wird das placitum von Puchenau i. J. 827 und das, was eine Urkunde von 880 publicum mallum comitis nennt, als ein allgemeiner Landtag die Versammlung von Raffelstätten (im Traungau zwischen der Mündung der Ens und Traun) aufzufassen sein. An dem ersteren nehmen nur die Bauern der Umgegend von Puchenau, Deutsche wie Slaven, Teil und es handelt sich um die ganz locale Frage der Begrenzung eines Pfarrsprengels[8]); auf dem letzteren erscheinen die indices orientalium, die dann als vicarii bezeichnet und von denen drei mit Namen genannt werden, ausserdem 39 ebenfalls namentlich bezeichnete angesehene Männer, von welchen drei sich wahrscheinlich auch sonst, und zwar als Vasallen nachweisen lassen, endlich alle nobiles der Ostmark und des Traungaus[9]). Denn dieser

Amtsgewalt der Grafen.

---

1) S. Anm. 9. — 2) Waitz, Verfassungsgeschichte III, 334 f., 340 n. 2, IV, 311 n. 4, vgl. 349. — 3) Büdinger I, 168 ff. Pritz I, 174 ff. 264 ff. — 4) Capit. de negotiat. Mon. Legg. I, 133. — Mon. boic. VI, 106, UB. o. d. E. II, 13. — Mon. boic. XXVIIIb 37. — u. a. O. 64, UB. f. Kremsmünster 20, 22, UB. o. d. F. II, 54 n. 37. 5) Waitz III, 348. — 6) Kr. I, Pass. I. — 7) Waitz IV, 308, 310. — 8) Archiv XXVII, 259 N. 1, vgl. 291. — 9) Mon. Legg. III, 480. (Rex) Arboni marchioni praecepit, quatenus cum iudicibus orientalium investigaret ... Et isti sunt, qui iuraverunt pro theloneo in comitatu Arbonis: folgen 42 Namen, darunter

Landtag soll unter der Leitung der Grafen Aribo und Otachar, des Erzbischofs Theotmar von Salzburg und des Bischofs Burchard von Passau, die mit Otachar als nuntii des Königs abgeordnet sind, die Zollverhältnisse des ganzen Gebietes regeln¹). Wenn dann vor dem Grafen Urkunden über Schenkungen ausgewechselt werden, wie z. B. vor Wilhelm (I.) in Linz (820), so fungirt er hier zunächst als Gerichtsbeamter und als solcher bezog er auch in der Ostmark den dritten Teil der Friedensgelder²). Zur Ausübung kriegerischer Tätigkeit endlich bot die ausgesetzte Lage der Ostmark namentlich in der zweiten Hälfte des Jahrhunderts den Mährern gegenüber ausreichende Gelegenheit; sind doch Wilhelm und Engelschalk im Feindeslande gefallen und auch Aribo hat sich kriegerisch gerührt. Entschädigungen für ihre amtlichen Functionen empfingen auch diese Markgrafen teils in Gestalt königlicher Lehen, als welche wohl die gelegentlich erwähnten Güter derselben z. T. wenigstens aufzufassen sind, teils durch einen Anteil an den Naturalleistungen und Geldabgaben der Bevölkerung³).

Den allgemeinen Verhältnissen endlich entspricht es, wenn fast alle Grafen, vorgesetzte wie untergeordnete, in ihrem Amtsbezirke reich begütert sind, so Gerold (II.), namentlich aber Wilhelm (I.) und sein ganzes Geschlecht, auch Ratpot. Von Aribo ist nichts derart bekannt: um so begreiflicher erscheint es, wenn gegen ihn die Enkel Wilhelms (I.) sich erhoben.

Kirchliche Organisation.

Hand in Hand mit der also gestalteten politischen Organisation hat sich die kirchliche des Gebietes entwickelt. Von Anfang an gebot hier der Krummstab der Bischöfe von Passau unbestritten bis zum Wiener Walde⁴) und auch jenseits desselben über Ober-Pannonien bis zur Raab. Den hier sich mit Salzburg erhebenden Grenzstreit schlichtete eine Verfügung König Ludwigs des Deutschen i. J. 829 derart, dass der Spratzbach bei Wiesmath, dann die Rabnitz und die kleine Raab bis zur Vereinigung mit dem Hauptflusse die Grenze bildete¹). Das Neustädter Viertel, dessen in der ganzen Entscheidung nicht gedacht wird, gehörte unzweifelhaft zum Salzburger Sprengel, wie es politisch ein Teil Karentaniens war. In der Ausübung ihrer Gewalt liessen die Bischöfe von Passau in Oesterreich, wie die von Salzburg in Karentanien und Pannonien, sich wohl durch Landbischöfe vertreten. Deren werden im Laufe des 9. Jahrhunderts drei erwähnt: Arno, den eine Urkunde von 834 als chorepiscopus sedis Pataviensis bezeichnet, der ein Jahr früher mit einem Gute an der Leitha bei Schönabrunn ausgestattet wird und 836 als Beauftragter seines Bischofs die Grenzen einer Schenkung bei Kirchbach sich durch den Grafen Ratbod angeben lässt²), Alberich, der nur einmal i. J. 860 genannt wird, vielleicht aber identisch ist mit dem gleichnamigen Landbischof auf dem Concile von Mainz i. J. 851³), endlich Madalwin, den König Arnulf († 899) mit Gütern zwischen Url und Ens wie jenseits des Wiener Waldes ausstattet und der diese Güter wie seine sämmtliche bewegliche Habe, namentlich eine ansehnliche Bibliothek, i. J. 903 dem Bischof Burchard von Passau für den Fall seines Todes übermacht⁴).

Unter dem Schutze einer kräftigen Verwaltung, die bis gegen das Ende des 9. Jahrhunderts die Landschaft vor jeder feindlichen Berührung zu wahren verstand, begann eine grossartige Culturarbeit vor allem des bairischen Stammes. Sie verwandelte in dem Zeitraume von etwa 100 Jahren die Striche südlich und nördlich der Donau aus einem von Slaven und vielleicht romanischen Resten dünn bevölkerten Lande in ein Gebiet, das dem bairischen Mutterlande in seinen Zuständen sich näherte, und das auch magyarische Verwüstung nicht völlig in die frühere Barbarei zurückzuwerfen vermochte.

Die Besiedelung des Landes durch Deutsche.

Das eroberte Land galt nach fränkischem Grundsatz als Eigentum der Krone⁵). Soviel sie nun aber auch an Domänen unter eigner Verwaltung zurückbehalten mochte, bei weitem das Meiste ging doch nach und nach in Privatbesitz über, sei es, dass geistliche und weltliche Grosse Stücke des tatsächlich zum guten Teil herrenlosen Landes

Das Verfahren im Allgemeinen

---

1) Mon. boic. XXXIa 56. Meiller, Sitzungsberr. der Wiener Akad., phil. hist. Cl. XLVII, 468 ff. hat eine andere, aber unhaltbare Grenzbestimmung versucht: er liest Suarza für Spraza und lässt dann die Grenze von der Schwarza, die weiter unten den Namen Leitha annimmt, gebildet werden; aber nach der Urkunde muss der als Spraza bezeichnete Fluss ein Nebenfluss der Raab sein, und doch mündet die Schwarza-Leitha direct in die Donau bei Ung.-Altenburg. Ausserdem würde durch eine solche Grenzlinie das Neustädter Viertel in zwei Teile zerschnitten, und doch gehörte es ganz zu Salzburg. Das Richtige hat Felicetti v. Liebenfels gesehen, Steiermärk. Beitr. IX, 9 ff. — 2) Mon. boic. XXVIIIb 25. — XXXIa 70. — XXVIIIa 29 f. — Ausserdem hat in dem Verbrüderungsbuch des Stifts St. Peter in Salzburg (hrgg. v. M. v. Karajan) die Hand k., die zwischen 830 u. 875 schrieb, seinen Namen eingetragen als Arno choEpsS, unter der Ueberschrift: ordo eporum uel abb. uiuoru. col. 14, z. 19, vgl. Einl. S. XI. — 3) Mon. boic. XXXIa 98. — Mon. Legg. I, 410. — 4) Mon. boic. XXVIIIa 202. Ub. f. o. d. E. II, 49. — 5) Waitz Vfg. IV, 115 f. Für die Ostmark ergiebt sich dies sowohl aus der Tatsache, dass bei weitem die meisten Landschenkungen von der Krone ausgehen, als aus dem Vorgange der Occupation, s. nächste Anmerkung.

4

unter der allgemeinen Gutheissung des Königs occupirten, wie das z. Z. Karls des Grossen namentlich in ausgedehntem Masse stattfand[1]), und dann gelegentlich sich die Erwerbung bestätigen liessen, sei es, dass sie es als Lehen oder als freies Eigentum von der Krone empfingen. Den früheren Besitzern, den Slaven, ist ihr Eigentum, wie es scheint, nicht entzogen worden, wie sie ja in der Zollurkunde von Raffelstätten in allen Handelsbeziehungen den Baiern ganz gleichgestellt erscheinen[2]) und wie z. B. i. J. 828 die freien Slaven innerhalb eines an Kremsmünster geschenkten Landstriches im Grunzwitigau sorglich in ihren Rechten geschützt werden[3]); aber die meisten von ihnen waren unfrei[4]), oder, wenn sie persönliche Freiheit genossen, doch ohne Grundbesitz[5]), ein Verhältnis, das die Franken jedenfalls nicht schufen, sondern vorfanden. Hatten sie doch kaum einen Grund, hart mit den Slaven zu verfahren, die ihnen bei der Eroberung nicht den geringsten Widerstand geleistet zu haben scheinen.

Aus der Art der Landverteilung ergab sich von selbst das Vorwiegen des Grossgrundbesitzes. Namentlich die Kirche erwarb ausgedehnte Territorien und hat sich auf ihnen wie damals überhaupt so namentlich in der Ostmark als eine Culturmacht ersten Ranges erwiesen. Es war natürlich, dass hier die bairischen Bistümer und Klöster die meisten Erwerbungen machten, von jenen Passau, Regensburg, Freising, Salzburg, von diesen Nieder-Altaich, Metten, Kremsmünster, Mondsee. Neben ihnen treten als weltliche Grundherren Edelleute mächtiger Geschlechter hervor, sei es, dass sie ihre Güter zu Eigen besassen, sei es, dass sie sie zu Lehen trugen: so die Familien der Grafen Wilhelm und Ratbod (der letztere stammte aus dem uralten bairischen Adelsgeschlechte der Huosier, das sich zur Heidenzeit göttlicher Herkunft rühmte)[6]), oder die des Hofbeamten König Arnulfs, Heimo. Sie wie die kirchlichen Stifter geboten hier und da wiederum über Vasallen, wie auch die Krone unmittelbar über solche verfügte. Auch an kleineren freien Eigentümern fehlte es nicht, wiewohl auch sie im Verhältnis zu höher cultivirten Strichen sehr grosse Güter besassen und an einen Stand freier Bauern im eigentlichen Sinne gewiss nicht zu denken ist.

Das Vorwiegen des Grossgrundbesitzes, der bis zur Stunde ein Kennzeichen Oesterreichs bildet, bedingte die Art der deutschen Colonisation. Sie erfolgte nicht wie im 12. und 13. Jahrhundert jenseits der Oder durch geschlossne Scharen freier Bauern, die durch Vertrag mit einem einheimischen Herrn ihr freies, selbstverwaltetes Gemeinwesen gründeten, sondern durch die Verpflanzung abhängiger Leute und Leibeigner von den Gütern der deutschen Heimat nach denen in der Ostmark¹). Demnach entstanden dort wohl zunächst Einzelhöfe, wie die curtis Grunzwita, deren Feldmark 15 Hufen umfasste, und indem immer zahlreicher die dienstbaren Leute des Besitzers nach einem solchen Hofe verpflanzt wurden, bildeten sich kleine Dörfer, villae, wie Scalcobak an der untern Ens, Cidalaribach, Biugin u. a. als solche bezeichnet werden; ihre Einwohner jedoch bildeten keine freien Gemeinden, sondern unterstanden dem Hofrechte. Nach und nach ging wohl hier und da eine früher einem Herrn gehörige Feldmark in die Hände mehrerer Besitzer über, doch blieben auch dann die Anteile der Einzelnen oft sehr gross.²) Befestigt scheinen so erwachsene Orte nur selten gewesen zu sein, denn die Ausdrücke, welche ummauerte Plätze bezeichnen, wie urbs, civitas, Burg, kommen nur sehr selten vor; so wurde dem Ministerialen Heimo i. J. 888 gestattet, eine urbs auf seinen Gütern zu errichten zum Schutze des Landes und als Zufluchtsstätte der Bewohner, Mautern war nachweislich Festung, Eparespurch und Hollenburg (Holunpurch 861) deuten in ihrem Namen auf eine Festung, ebenso das erst i. J. 900 erwähnte Beiburg (Pipurc), vielleicht ein Vorwerk der um dieselbe Zeit errichteten Ensburg (Anesapurc). Ob man die auf römischen Resten entstandenen Orte, wie Ips, Traismauer, Tulln ohne Weiteres sich als befestigt vorstellen darf, ist durch-

---

1) Mancipia, Leibeigene und sevi, entweder auch Leibeigene oder Hörige (s. Waitz IV, 299 N. 6), kommen fast immer als lebendes Inventar der Güter vor und werden mit diesen veräussert. Gelegentlich unterscheidet man mancipia infra domum et manentes servi, z. B. Reg. 3 v. J. 834, dann sind jene Leibeigene, welche unmittelbar im Herrenhofe beschäftigt werden, diese unfreie, mit Land ausgestattete Leute. Zu dieser Classe gehört auch der kgl. servus Gerhard, der wieder mancipia unter sich hatte, s. Pass. 5 v. J. 900. Auch der Ausdruck familiae kommt für die Sclavenschaft vor, z. B. Kr 3 v. J. 893. — Freie, aber da sie auf dem Grund und Boden eines andern wohnen, in irgend einem Abhängigkeitsverhältnisse zu ihm stehende Leute, sind die homines ingenui Heimos 888, Slzb. 4. Noch 985 werden ingenui nur ex inopia servorum als coloni auf Passauer Gütern angesiedelt, M. B. XXVIIIa 243. — 2) Zur allgemeinen Orientirung in diesen Dingen genügt es Folgendes zu bemerken. Die Ansiedelung erfolgt als Hof oder Dorf. Im ersten Falle nimmt ein Grundherr den gesammten Boden in Besitz, baut einen Hof und bewirtschaftet das ganze Land von diesem aus direct oder er überträgt es z. T. an Leibeigene und Hörige unter bestimmten Bedingungen. Doch bleiben diese dann meist mit dem Hofe in Markgenossenschaft (Gemeinsamkeit von Wald, Weide, Wasser) und Feldgemeinschaft (Gemeinsamkeit des Bewirtschaftungsplanes), aber es kann aus der gemeinsamen Mark der herrschaftliche Anteil gesondert werden. Die Form der Ansiedlung wird dann dörflich, politisch aber bleiben die Bewohner Untertanen des Hofes. Eine Ansiedlung, die von Anfang an Dorf ist, erfolgt durch die gleichzeitigen Anbau einer Anzahl freier Bauern, setzt die sofortige Einteilung der Flur und also eine grössere, leicht cultivirkare Fläche voraus. Die Bauern stehen natürlich in Feld- und Markgenossenschaft. Aus Allem ergibt sich, dass in halbwilden Ländern mit grossen Waldmassen die erste Form der Ansiedlung der Hof sein musste, so überall in den Alpenländern, vgl. Inama-Sternegg, die Entwickelung der deutschen Alpendörfer, Histor. Taschenbuch 1874, 99 ff.

aus zweifelhaft, denn nur aus dem Mangel an festen Plätzen erklärt sich hinlänglich der rasche Erfolg des magyarischen Angriffs i. J. 907.

Es lohnt sich diese Vorgänge im Einzelnen zu verfolgen¹). Im Gebiete zwischen Ens und Ips gab es nur wenige slavische Niederlassungen und der mächtige Enswald erfüllte — noch um 863 — den ganzen Landstrich zwischen Donau, Ips, Url und Ens. Mühsam drang die Axt deutscher Colonisten in sein Dickicht; noch vor 863 war hier der Ort Cidalaribach entstanden (j. Zeilern westl. Amstetten), dessen Name auf Bienenzucht deutet, ebenso eine Niederlassung am Scaleobach, der nicht weiter nachweislich ist, und ein paar einzelne Besitzer hatten sich hier angesiedelt. Noch unter Karl dem Grossen hatte das Kloster Altaich hier zugegriffen und liess sich dann i. J. 863 von König Ludwig seine Erwerbung bestätigen, die um Scaleobach sich concentrirte, im Norden bis nach Cidalaribach, im Süden bis über die Url hinüber usque in verticem montis, d. i. bis an den nächsten Gebirgsrücken reichte²). Gegen Ende des Jahrhunderts hatte die Culturarbeit dem Urwalde bereits ein Stück abgerungen: der Enswald reichte nicht mehr bis an den Urlfluss; Passau hatte hier eine Besitzung erworben und neben königlichen Domänen um einen jetzt verschollenen Ort Wolfeswang lagen die Hufen freier Eigentümer, bis König Arnulf jenen Kronbesitz dem Landbischof Madalwin überwies und dieser ihn i. J. 903 an Passau abtrat³).

An der untern Ips knüpfte die älteste deutsche Ansiedlung an eine römische an: Ipusa, zuerst 837 genannt, entspricht der römischen Niederlassung ad pontem Ises⁴), und die eben damals erwähnte strata publica in der Nähe des Ortes ist doch wohl die altrömische Strasse, welche nachweislich in dieser Richtung zog⁵). Weist ja auch der Name des Schlachtfeldes v. J. 788 (in campo Ibose) auf eine Heerstrasse in dieser Gegend hin. Frühzeitig bildete sich hier eine deutsche Bevölkerung auf dem Grunde einer königlichen Domäne; deutsche Ortsnamen tauchen auf, und Erzbischof Adalram von Salzburg (821—836) erbaute hier wohl in der ersten Zeit seines Wirkens eine

---

1) Für das Folgende will ich hier gleich die üblichen Flächenmaasse anführen. [...]

Kirche. Vielleicht hatte sein Stift schon damals hier festen Fuss gefasst, jedenfalls erwarb es i. J. 837 ein ausgebreitetes Territorium zu beiden Seiten der Ips, einen Teil jenes Krongutes[1]). Nach Süden dehnte sich noch der Urwald; doch sassen weiter am Flusse hinauf bereits slavische Bauern[2]).

Wie das Mündungsgebiet der Ips, so bot die kleine Tiefebene am Ausflusse der benachbarten Erlaf einer Niederlassung der Deutschen Raum. Auch hier standen sie auf altrömischem Boden, denn rechts des Flusses erhob sich einst Arelate (Arlape), eine grosse römische Militärstation und ein Ankerplatz der Donauflottille[3]). Später muss es als römischer Ort zu Grunde gegangen, aber deutschen Besitzern in die Hände gefallen sein, dafür sprechen die Namen Herilungoburch (837) und Herilungeveld (853), das doch wohl in der Nähe zu suchen ist und die Mündungsebene der Erlaf bezeichnen wird[4]). Aber auch die deutsche Burg fand ihren Untergang, war 832 nur noch in Ruinen vorhanden[5]). Dann hatten sich Slaven festgesetzt (S. 15), bis mit der fränkischen Eroberung der Landstrich ein Gut der Krone wurde und 832 an Regensburg gelangte. Ein deutscher Ort scheint zunächst nicht entstanden zu sein, wohl aber Baulichkeiten aller Art, wie sie der Landbau forderte[6]), erst später wird das Dorf Erlaf erwähnt; ein Gut, das dem Kloster Mondsee hier gehörte, kommt 879 vor[7]). Die angrenzende Berghöhe, welche im Osten und Süden die Ebene umschliesst, bedeckte noch 832 dichter Wald, so dass die Grenze durch Einschnitte an Markbäumen bezeichnet wurde[8]). Trotzdem war das obere Erlaftal schon von Slaven bewohnt (S. 15); aber auch deutsche Siedler, vielleicht Regensburger, drangen bis dorthin vor, und eine

---

1) Slgb. 1: ecclesia, quam dudum A. quondam — edificavit. — Deutsch ist ON. Wagreini, Erdwelle, der hier wohl den Abfall des Hügellandes westl. der Ips bezeichnet, in Oesterreich übrigens häufig vorkommt, s. Förstemann NB. II² 1527 f. — 2) s. S. 11 f., Anm. 2 ff. — 3) Aschbach 8, 9. Kenner 129. Tab. Peuting. Arelate; Ptolem. II, 13. VIII, 7, 5 Ἀρελάτη. Itin. Anton. 231, 238 Arlape, ebenso Notit. dignit. Eine Inschrift, jetzt in der Kirche zu Pechlarn, nennt sie Sext[anorum] A[relatensium] Colonia Cl[audia] und sie ist doch wohl so benannt, weil die VI. Legion bis dahin im gallischen Arelate gestanden. Demnach hätte die Stadt dem Flusse den Namen gegeben, s. Aschbach 8 u. 5, etwa wie dem Wienfluss bei Wien, obwohl das Umgekehrte gewöhnlich ist. Deshalb erklärt auch Förstemann NB. II² 111 den Namen Arelate als entstanden durch Anlehnung an den kelt. Flussnamen Arlape (Erlaf). Wäre nicht ein zufälliges lautliches Zusammentreffen des von Arelate entlehnten Stadtnamens und des einheimischen Flussnamens Arlape möglich? — Arelate klingt wieder im heutigen Harlanden, ¼ St. südl. Pechlarn, obwohl dieser Name auch anderwärts vorkommt, Kenner 175. — 4) Es wird 853 unmittelbar nach Erlafa genannt, Reg. 5. — 5) Locus, ubi antiquitus castrum fuit, quod H. dicitur, Reg. 2. — 6) Reg. 2. Das Gut wird geschenkt cum sclavis (i. e. servis) ibidem commanentibus, cum domibus, aedificiis cet. — 7) Md. führt unter Gütern in bairischen Orten solche ad Erlafa an; das kann darnach kaum den Fluss bezeichnen. Das Dorf liegt etwa ¾, M. s. der Mündung und rechts des Flusses. — 8) Reg. 2: usque ad medium montem — Colomezza, ubi in duabus arboribus evidentia signa monstrantur (an der Ostgrenze), dann per verticem montis, sicut evidentia arborum signa demonstrant (an der Süd- u. Westseite). Aus dem Zusammenhange der Urk. ergiebt sich, dass „Colomezza" die ganze Bergmasse zwischen der untern Erlaf und der Melk bezeichnet, denn das Gebiet liegt in circuitu um Herilungoburch, also östl. der Erlaf, demnach weder den Berg sw. des Dorfes Erlaf (Keiblinger, Melk I, 64 f.) noch den Kalmünzberg, 3½ M. westl. von Pechlarn (Ried zu Reg. 2).

Kirche, um welche ein Ort sich bildete, wurde an der Stelle des heutigen Steinakirchen erbaut¹).

In der weiten Landschaft zwischen Melk, Traisen und Donau, in der bereits zahlreiche slavische Siedlungen bestanden (S. 16), ist der nachweisbar älteste Punkt einer deutschen Niederlassung die Mündung der Bielach, wo der römische Ort ad Mauros lag²). Königliche Höfe entstanden hier, aber schon 811 kamen 40 Hufen in den Besitz Nieder-Altaichs³). Ob das benachbarte Dorf Bielach wirklich bereits in so früher Zeit vorhanden gewesen, muss ganz zweifelhaft erscheinen, denn die Passauer Urkunde von 823, die es nennt, ist gefälscht⁴). Dagegen lag ein slavischer Ort auf oder an dem beherrschenden Felsen, von dem jetzt über den breiten Strom, seine grünen Inseln und das ragende Gestade gegenüber die langen Gebäudefronten und die stolzen Kuppeln des Benediktinerstiftes Melk herniederschimmern und der einst auch eine römische Siedlung trug⁵). Hier knüpfte auch die deutsche Culturarbeit an. Der Grund und Boden war zunächst königlich, aber früh vergabte die Krone von ihrem Besitze grosse Partien als Lehen, so an Salzburg einen oder mehrere Höfe, die 861 Ludwig der Deutsche in Eigentum verwandelte⁶), so später an einen Vasallen Altmann ein grosses Gebiet, von dem dann wieder 892 7 Hufen als Erbgut an den vielleicht auch hier angesessenen Salzburgischen Lehnsmann Theodorich übergingen⁷). Man sieht, wie überlegt das Erzstift hier seine Güter abzurunden sich bemühte. Es entspricht diesen Verhältnissen, die seinen Besitz noch durchaus in seinen Anfängen zeigen, sehr wenig, wenn die gefälschte Urkunde von 880 von einer civitas Medelicha und von der Abtretung des Drittels derselben an Salzburg redet, da doch noch 892 Melk einfach als locus bezeichnet wird⁸).

Melk erhebt sich fast unmittelbar vor dem Eingange in das enge Durchbruchstal der Donau, das schon damals die Wachau hiess. So wenig die Römer ihre Strasse hier durchführten — sie ging östlich um das Gebirge⁹) — so wenig haben sich an den steilen, oft felsigen Abstürzen der rechten Donauseite bedeutendere deutsche Niederlassungen gebildet. Nur auf der einzigen kleinen Uferebene der ganzen Rinne erfolgte früh eine Salzburger Gründung, die wohl von dem ersten grossen Erzbischofe des Stifts den Namen Arnsdorf trug¹⁰).

Erst am Ausgange des Engtales östlich des wahrscheinlich slavischen Rossaz erbauten deutsche Colonisten zwei Orte in geringer Entfernung von einander; das schon im 10. Jahrhundert verschwundene Eparespurch und Mautern¹). Der Name des ersteren deutet auf eine Festung, die den Umwohnern Schutz gewährte, so dass denn auch hier die Cultur in der Umgegend früh begann. Schon die Grafen Wilhelm und Engelschalk († 871) hatten hier einen Besitz mit Höfen und Leibeignen, vielleicht sogar einer Kirche, der ihrem Geschlechte blieb, bis der Verrat ihrer Enkel ihn an das Stift Kremsmünster brachte (893)²). Um 906 erscheint der Ort als Zollstation und Hafenplatz³). Grösser war die Bedeutung des benachbarten Mautern. An einer auch von den Römern besetzten⁴) Stelle entstanden war es dem Namen nach zu urteilen eine Zollstation⁵), dann ein fester Platz, der einmal i. J. 898 dem rebellischen Isanrich, Graf Aribos Sohn, als Zufluchtsort diente und von König Arnulf nur durch eine Belagerung zu Wasser und zu Lande bezwungen werden konnte⁶), bewahrte auch seine commercielle Bedeutung besonders als Salzmarkt. Die Umgegend beider Orte bedeckte damals noch dichter Wald, die silva l'alta⁷), und wahrscheinlich zog sich derselbe durch einen guten Theil des Binnenlandes im Rücken der Donau bis zur Traisen hin (s. unten S. 32, Anm. 1).

Am Ufer des Stromes aber entstand noch in der ersten Hälfte des Jahrhunderts wohl auf altrömischen Resten⁸) — auch die Römerstrasse in der Umgegend war noch sichtbar⁹) — der Ort Hollenburg. Noch vor 861 hatte Salzburg hier Güter¹⁰), bedeutendere aber Freising, die bis auf das rechte Ufer der Traisen reichten (ca. 890)¹¹).

Hollenburg

1) Diese Lage beider Orte ergiebt sich aus den Worten der Zollurkunde: postquam silvam Boemicam transierunt (sc. naves), in nullo loco licentiam habeant emendi cet., antequam ad Eparaespurch perveniant. Ibi — solvant — pergant ad Mittarim. Vorher ist bestimmt, dass die Schiffe, nachdem sie bei Linz gezahlt haben, freien Handel treiben können usque ad silvam Boemicam. Der Begriff der silva Boemica muss hier sehr beschränkt gefasst werden; nicht das ganze die Donau etwa zwischen Grein und Krems berührende Waldland ist darunter zu verstehen — denn sonst würden die bei Linz abgefertigten Schiffe an vielen Uferorten haben vorüberfahren müssen — sondern nur das hohe Waldgebirge links der Wachau, das noch im 11. Jahrh. als ein Teil der silva Nordica (s. boemica) bezeichnet wird, s. S. 5, Anm. 2. Ep. aber muss östlich der Wachau und westlich von Mautern gelegen haben, denn die dort landenden Fahrzeuge haben die silva Boemica passirt und gehen nach Mautern weiter. Ganz unhaltbar ist also die Ansicht Dudiks (Gesch. Mährens I, 382), Falkes (Geschichte des deutschen Handels I, 41), Eparespurch sei Ebelsberg an der Traun, das ausserdem nie so heisst und sodann 1½ Stunde von der Donau liegt, vgl. Dümmler, Ostfränk. Reich II, 530. Ueber den Namen, dessen W. ebur, Eber, s. Förstemann NB. II² 501. — 2) Kr. 3 (Eporespurch). — 3) S. Zollurk. v. Raffelst. — 4) Es haben sich Gräber, eine Inschrift und Ziegeln mit Leg. II. ital. gefunden, Kenner 211 f. — 5) Goth. motareis, Zöllner, dat. pl. Motarim, mlat. mutarius, ahd. mûtâri, Förstemann NB II², 1135. Dort auch die Namensformen bis 1100: Mutarun, Muotarun, Mutarn, Mutarin, Mautarn, Mautern. 6) S. Ann. Fuld. 898, 899. — 7) Erwähnt Slzb. 6, 890, dann in den Bestätigungsurkunden von 879 u. f. Das Dorf l'alta erst am 1083, Fontes II, 8, 2 N. 1. — 8) Wahrscheinlich lag hier das nur in der Vita Sev. ca. 4 erwähnte Pargum oppidum, ein kleines Castell 5 Millien von Faviana (Traismauer), s. Kenner 207, 166 u. 1. — 9) Das ist doch wohl die lapidea platea, die der Nuzpach schneidet, s. Fris. 3 ca. 890. Auch die dort erwähnte lapidea columna ist wohl ein röm. Rest. 10) Slzb. 2 curtes ad Holonpurch, in Fris. 3 als predium Sti Petri bezeichnet. — 11) Fris. 3. Die Besitzungen gehörten ursprünglich der bairischen Abtei Mosburg (Mosapurch) und deshalb trägt die Urk. die Ueberschrift: „Hec notantur marchae, quae ad Holinpurch pertinent ad servicium Sti Castuli martyris ad Mosapurch", aber die Abtei kam schon 895 an Freising durch Schenkung

Die aller Orten hier zahlreich auftretenden deutschen Localnamen beweisen zugleich die Stärke der deutschen Bevölkerung[1]).

St. Pölten. Auch tiefer landeinwärts dem Laufe der Traisen folgend trugen deutsche Colonisten Axt und Pflug. Auf einem ausgebreiteten Bezirke westlich und östlich des Flusses, wahrscheinlich nördlich St. Pölten gegen Herzogenburg hin[2]), waren es Mönche von Kremsmünster, die hier unter slavischem Volke auf einer königlichen Domäne die Rodungen begannen. Sie nahmen das Land in Pacht von der Krone[3]), sandten ihre Leibeignen hin, erbauten Wirtschafts- und Wohngebäude, sorgten für die geistlichen Bedürfnisse ihrer Leute wie der übrigen, offenbar nicht unbeträchtlichen slavischen und deutschen Bevölkerung des Striches durch Erbauung einer Kirche und empfingen endlich i. J. 828 das ganze Gebiet, das ihr Fleiss der Gesittung gewonnen, von König Ludwig als Eigentum, zugleich mit allen Einkünften, die sonst der Graf hier bezogen, aber ohne die Güter der freien Slaven.

Es wäre wunderbar, wenn nicht auch St. Pölten damals besiedelt worden wäre. In flacher Landschaft links der Traisen gelegen, deren reissende grüne Flut in tiefem, breitem, mit dichtem Gebüsch bewachsenen Bette östlich der Stadt vorüberströmt, bezeichnet St. Pölten den Kreuzungspunkt der kürzesten Linie zwischen Melk und Wien und der alten Strasse nach Steiermark und liegt wenige Stunden entfernt von der Eingangspforte des Gebirges, dessen waldige Rücken von höheren Spitzen überragt den Hintergrund im Süden abschliessen. In der Tat haben die Römer hier gehaust; wenn wir auch den Namen des Ortes nicht wissen, so beweisen doch Münzen, Inschriften u. a. das Vorhandensein eines solchen, ja selbst des Gewerbebetriebes, der dieser Gegend von Alters her eigentümlich ist, der Bearbeitung des steirischen Eisens; eine

---

K. Arnolfs, ipsi episcopo in omni usu et utilitate sui arbitrio et dispositione fruendam, Meichelbeck, Hist. Fris. I, 1. 145. Also muss jene Aufzeichnung der Zeit vor 825 angehören, wenn auch die gegenwärtige Niederschrift erst aus dem Anfange des 11. Jahrh. stammt. Zahn zu der Urkunde 241. Die Grenzen lassen sich nicht genau verfolgen, jedenfalls lag das Gebiet westl. der untern Traisen. Eine hoba sclavanica et una vinea innerhalb desselben waren salzburgisch, jene lag vielleicht in dem weggespülten Chlepadorf w. Hollenburg, an welches noch die „Kleesdorfer Gründe" erinnern, s. Zahn a. a. O. u. Fontes II, 8, 6. 249. 264.

1) Spodnivesgang, ein Donauarm, Wagreini, Nuzpah, Suselinpah, Horiginpahes houpit, Horiginaltala, Timphindhal (Tal der Donau), Ratnichesworit (Donauinsel), s. Zahn. — 2) Kr. I, 828. Budinger I, 171 u. f. identificirt den Sumarperch mit dem Sommerauberge 2 M. sw. Göttweih, sucht die Hohogspadtehhin (d. i. hohe Platte) auf dem Bergzuge zw. Traisen und Fladnitz, den Heribumnum mit demselben, den ganzen Strich also links der Traisen. — Allein die Grenzlinie beginnt mit der Ostgrenze und geht in westlicher Richtung herum, also folgen auf die Ostgrenze die Süd-, West- u. Nordgrenze. Dann ergeht sich die Grenze beginnt im Osten beim Sumarperch, läuft bis zur Traisen (urspr. in Dreisma) zur Hohogspadtehhin, von da aufwärts (sursum) bis zum Passauer Gebiet, die Westgrenze bis Heribumnum, die Westgrenze bis dahin, abi Flinsbach exit de silva; die Nordgrenze fallet der Wald bis wieder zum Sumarperch. Feste Anhaltpunkte geben nur die Traisen und der Flinsbach sw. St. Pölten zur Bielacht. Da nun die Ostgrenze bis zur Traisen läuft, so liegt der Sumarperch östlich derselben, ebenso die Hohogspadtehhin, und da ferner die Westgrenze endet am Flinsbach, so umfasst das Territorium etwa zwischen Herzogenburg u. St. Pölten rechts und links des Flusses. — 3) Territorium XX sclavorum dem monasterii ad censum fruendum, qui ad partem comitis solvebatur.

Inschrift nennt ein collegium fabrorum, eine Schmiedeinnung[1]. Waren doch auch die Slaven das Tal der oberen Traisen hinauf gedrungen. St. Pölten scheint nun schon im 9. Jahrhundert als deutscher Ort entstanden zu sein und zwar als ein Kloster des heiligen Hippolytus, vielleicht durch Mönche von Tegernsee, das älteste der ganzen Ostmark; dann — noch vor 907 — geriet es in Passaus Hände[2], das schon früher, vor 828, Besitzungen in dieser Gegend hatte[3].

Oertlich nicht genau bestimmbar, aber sicher im Grunzwitigau westlich der Traisen gelegen sind zwei andere Ansiedelungen. Die curtis Grunzwita, die Karl der Grosse seinem Getreuen Witigowo mit 15 Hufen als Eigentum übergab, umfasste bereits Gebäulichkeiten und eine Anzahl leibeigner Familien bearbeiteten den ausgedehnten Complex, dessen Grösse freilich auch einen Schluss gestattet auf die sehr extensive Bewirtschaftung[4]. Noch bedeutender war wohl der im Grunzwitigau, vielleicht um Külb (s. Melk an den Sirningquellen[5]) belegene Besitz des königl. Hofbeamten Heimo. So zahlreiche abhängige Freie und Leibeigene wohnten hier, dass die Vergabung der niederen Gerichtsbarkeit über sie und des gräflichen Drittels der damit zusammenhängenden Bussen sowie der Leistungen, zu denen sonst die Einwohner dem König und dem Grafen verpflichtet waren, eine Sache von grosser Bedeutung war und dass die Erbauung eines befestigten Platzes (vielleicht Heimberg bei Külb) als eines Zufluchtsortes gegen die Einfälle der Mährer notwendig erschien. Ein advocatus (Vogt) Heimos, wohl identisch mit dem vorher genannten vicarius, unterstützte und vertrat den Grundherrn in der Verwaltung, der durch jene Verleihung eine beinahe fürstliche Stellung gewonnen hatte (888)[6].

Das bedeutendste Centrum deutscher Bevölkerung in der Ostmark wurde aber ohne Zweifel das Tullner Feld, jener schon von den Römern bevorzugte, von den

---

1) Kenner 207, über das collegium fabrorum 196, 182. — 2) Die erste Erwähnung der Treisima civitas Sti Ypoliti fällt allerdings erst Mon. boic. XXVIII a 217) 976, aber eine Aufzeichnung von Tegernsee Mon. boic. VI. 162f. (Notitia latifundiorum per Arnoldum Bajoariorum ducem Tegernsee subtractorum, ca. 1060 geschrieben) führt unter diesen Gütern an: Episcopus Benno (Berengar 1013 bis 1046) de Pazzova abbatiam habet ad Stum Yppolitum. Jener Arnold (Arnulf) ist der bekannte Gegner Heinrichs I., der 937 starb und zuerst 908 erwähnt wird, Meichelbeck Ib 403 N. 983, Mon. boic. XXXI a 17. Die Wegnahme St. Pöltens gehört in die Reihe der massenhaften Annexionen von Klostergütern durch bairische Bischöfe, muss aber, da die Ostmark schon Mitte 907 verloren ging, noch in der ersten Hälfte dieses Jahres oder vorher erfolgt sein, so dass sie nur ungenau unter Arnulf gesetzt wird. Vgl. i. A. Büdinger I, 238 ff., Dümmler, Ostfränk. Reich II. 546. Die Begründung St. Pöltens fällt dann in's 9. Jahrh. Vgl. dazu Jenaer Literaturzeitung 1876 Nr. 65, 100a. — Nach der Tradition von Tegernsee waren St. Hippolyts Gebeine mit denen des hl. Quirinus, des Patrons von T., nach T. von Rom gebracht worden, s. Hist. Fundat. bei Pez, Thes. anecdot. III, 3, 189. — 3) s. S. 32, Anm. 2. — 4) Sitzb. 3. — 5) Die damals von Heimo angelegte Stadt könnte Heimberg sein, s. Büdinger I, 164, 171. — 6) Sitzb. 1, über das Rechtliche Waitz Vfg. IV, 387. Die Verleihung der niederen Gerichtsbarkeit und der gräflichen und königlichen Einkünfte (universa debita legalia de gente inibi in proprio suo residente terciaque pars bannorum — qui dicuntur civiles banni, ceteraque debita cuncta ad integrum sine alicuius particione de eodem populo eternaliter [ad] illum successoresque eius pertineant) legte den Grund zu einem erblichen Fürstentum (potestas) und wurde damals noch sehr selten gegeben.

Slaven, dagegen wenig bebaute Culturboden. Eben an die antiken Gründungen schlossen sich die Deutschen an. So erhob sich das deutsche Traismauer auf römischem Grunde, denn hier stand Trigisamum, das, später officiell Faviana genannt[1], Ende des 5. Jahrhunderts die bedeutendste Stadt der ganzen Gegend war und als bewohnter Ort wohl auch fortbestand, denn im 9. Jahrhundert taucht es unter dem alten Namen wieder auf. Freilich war der Platz so herabgekommen, dass er — vor 838 — nichts war als ein Salzburgisches Hofgut[2], dessen Besitz noch 861 bestätigt wurde[3]. Doch gruppirte sich schon eine nicht unbeträchtliche Bevölkerung um den Ort; baute doch hier bereits am Anfange des Jahrhunderts Salzburg eine Martinskirche, in welcher später der Mährerfürst Priwina die Taufe empfing.

In grösserer Bedeutung scheint sich die benachbarte Römerstadt Comagenae auf der Stelle des heutigen Tulln, nicht des südöstlich davon gelegenen Königstätten[4] erhalten zu haben. Noch 791 tritt es mit altem Namen auf (S. 11); am Anfange des 9. Jahrhunderts war es unter dem Namen Tullina mit der dazu gehörigen Mark Königsgut und bereits in lebhaftem Betriebe, denn auch die übrigens schon von den Römern gepflegte Weincultur[5]) war in Aufnahme gekommen. Die Hälfte des Gutes erhielt vor 837 Graf Ratpod als Eigentum, aber 859 verlor er sie und sie kam als Tafelgut an das Emmeramstift in Regensburg[6]. Die andere Hälfte blieb königlich, und vorübergehend nahmen wohl Fürsten des karolingischen Hauses hier ihren Aufenthalt, so Ludwig der Deutsche i. J. 864, als er hier Frieden mit den Bulgaren schloss, so König Karl (der Dicke), der hier 884 mit dem Mährerfürsten Suatopluk zusammentraf[7].

1) Den Nachweis dieser Identität bei Aschbach 13f. Kenner 205 6. Pallmann, Völkerwanderung II, 398f Die mittelalterliche Identificirung von Faviana und Vindobona ist jetzt allgemein aufgegeben. Ueber Faviana im 5. Jahrh. s. S. 8. Anm. 7. 15. — 2) So verstehe ich Convers. c. 10: Priwina baptizatus est in ecclesia S. Martini loco Treisma nuncupato, curte videlicet pertinenti ad sedem Juvavensem. 3) Sch. 2: curtis oder curtes – ad Trigisimum. — 4) Aschbach 19. Kenner 163. 164. 168. Für Königstätten Pertz zu Einh. Ann. 791 (Mon. 88, 1) und darnach Büdinger I, 134, vgl. Dümmler, Südöstl. Marken 48, ohne rechte Begründung. Eigentümlich ist der Ausdruck Ann. Fuld. 884: prope flumen Tullinam Monte Comeano (kamen Karl der Dicke und Suatopluk zusammen). Der Mons Comeanus ist zunächst der Wiener Wald (s. S. 11), die Tullnbäche aber sind von jenem Königlatten etwa 1½ M. entfernt, also müsste die eine oder andere Angabe falsch sein. Vielleicht ist aber unter „Monte Comeano" einfach Comagenae selbst zu verstehen, das zwischen beiden Flüssen beim Lager, wenn es mit Tulln identisch war. — Den Namen Tullina leitet Aschbach 26 von tull, des späten Deutschen ab, eher möchte man an den keltischen Stamm denken, der im ???. — Baumeister, Alemann. Wanderungen I, 144. 5) Dafür zeugen Sarcophagreste in Parndorf, besonders aber der Ottopum ad Vineas unweit Faviana, Vita Sev. ca 5. ???. — 6) Boc. I. vgl. und 6. Dort geht H. an Regensburg omnia, quae ad Tullinam ??? pertinent. Für den Fall eines kinderlosen Todes, hier berichtet König Ludwig d. D., ??? die Hälfte eines königl. Gutes, qui vocatur ??? Regensburg. Beide Güter sind wohl identisch. — 7. Büdinger I, 185.

Auch das benachbarte Cetium hat wohl fortbestanden, wenn es auch erst am Cetium Zeizen-Ende des 10. Jahrhunderts sicher erwähnt wird als Zeizinmûre[1]), aber die (unechte) mauer. Passauer Urkunde von 823, welche um 980 gefälscht wurde, setzt die Existenz des Platzes schon im 9. Jahrhundert voraus.

Aber die deutsche Colonisation brach sich auch selbständig ihre Bahnen. Kirchbach. In einem der kleinen Täler des Wiener Waldes, das sich nordwärts nach der Donau öffnet, entstand auf königlichem Grunde für die dort angesiedelte deutsche Bevölkerung — wir kennen u. a. einen Grundbesitzer Theodorich daselbst[2]) — eine Kirche, die dem kleinen Bache und dem an ihm erwachsenen Orte den Namen Kirchbach gab. Auch hier blühte der Weinbau auf und die Urbarmachung des Gebirgswaldes ward in Angriff genommen. Da übertrug i. J. 836 König Ludwig d. D. an Passau den gewaltigen Complex von über 100 Hufen, der bis zur Höhe des Gebirges reichte und den Anfang bildete zu der grossen Passauer Herrschaft Königstätten[3]). Ob freilich diesen Ort Königstätten. — denn er ist mit dem Namen Chunihohestettin gemeint — schon damals das Bistum besessen, wie die unechte Urkunde von 823 behauptet, muss zweifelhaft scheinen; immerhin ist wenigstens die Existenz des Dorfes im 9. Jahrhundert nicht unwahrscheinlich[4]).

Im westlichen Teile des Tullnerfeldes ist Drasdorf eine deutsche Gründung. Drasdorf. Der Landstrich war Domäne und hier entstand die villa Drousinindorf, nach irgend einer dabei beteiligten Persönlichkeit benannt; ein Teil der Feldmark kam als Lehen an den königlichen Vasallen Wizo, also einen Deutschen, dessen Söhnen es blieb, nachher (868) als Eigentum an das Kloster Metten[5]).

Weiter südwärts in das Hügelland, das nach dem Wiener Walde und seinen Wolfsbach westlichen Vorbergen ansteigt, lockten die breiten Täler der Tulln und der schon von den Slaven benannten Perschling. Dort, wo beider Gebiete sich nähern, zwischen den heutigen Orten Böheimkirchen und Neu-Lengbach (an der Bahn St. Pölten-Wien), begann ein Deutscher, Elis, schon zur Zeit Karls des Grossen den Anbau, der erste aller deutschen Einwohner der Ostmark, die genannt werden. Hier entstand der Ort Wolfsbach und auch die benachbarten Bäche erhielten die deutschen Namen Wisalia und Wintarpach. Doch muss die Bevölkerung dort noch sehr gering gewesen sein, denn als die drei Söhne des Gründers ihre Feldmark (commarchiam) i. J. 808 zum Seelenheile ihres verstorbenen Vaters abtraten, da gaben sie nur einen einzigen Leibeigenen, Gereloh, hinzu[6]).

---

1) Mon. boic. XXVIIIb 86 N. 116 über Cetium Aschbach 10 ff. Kemmer 132. 144. 146. 163 ff. 205. Aschbach 10 leitet den ON. Zeizinmûre als von Cetii muri. Noch im 18. Jahrh. sah man das gleichzeitige Mauerviereck von 480' Länge und Breite mit Resten von Türmen, s. Jordan, Orig. Slavicae II, 3, 66. — 2) Das dann erwähnte Passauer Territorium reichte usque ad marcam Theoterii lies Theoterici. — 3) Pass 1. Der Ort heisst Kirchbach; vergeben wird ecclesia una constructa cum territorio ad manses centum faciendum et plus cum vineis, terris cultis et incultis, pratis etc., vgl. Meiller, Babenb. Reg. 203 N. 61. 4) Pass 7[?]. — 5 Mn., vgl. Fürstemann NB. II[?] 487. 6) Reg. 1 anno VIII. Augusti Karoli. In den Ausgaben heisst der Ort Eolvespah, dafür liest Meiller, Verzeichniss der niederösterr. ON. bis 1100 (Jahrb. des Vereins für Landeskunde von NÖ. I 168 wohl richtig Volves-

Näher dem Tullner Felde entstand an der slavisch benannten Perschling der gleichnamige Ort, wenn ihn nicht bereits Slaven gegründet haben. Ein Beweis für das Vorhandensein zahlreicher Colonisten bildet wie anderwärts die frühe Erbauung einer Kirche (vor 834). Dann gewann das Geschlecht des Grafen Wilhelm hier grossen Besitz, von dem wiederum ein Teil an einzelne Leibeigene zu selbständigem Betriebe übergeben war¹); ja die Familie wusste es zu erreichen, dass ihr ein Teil des sonst gemeinsamer Nutzung geöffneten Waldes in Forst umgewandelt, dieser Nutzung also entzogen wurde²). Die Kirche mit Haus, Hof und Zubehör, auch die Hälfte des Forstes vergabte noch Wilhelm I. an Regensburg (834)²) auf seine und seiner Gemahlin Lebenszeit. Falls die Ehe kinderlos blieb, sollte der Besitz dem Bistum ganz zufallen. Da jedoch dem Paare noch zwei Söhne geboren warden (Wilhelm und Engelschalk), so mag das Gut an sie zurückgefallen sein; wenigstens hatte das Geschlecht hier Güter, bis sie nach dem unheilvollen Aufstande der Enkel Wilhelms an Kremsmünster kamen (893)⁴).

Ueber den Wiener Wald hinüber ist die deutsche Colonisation frühzeitig gedrungen, aber in geringerer Stärke, als man erwarten sollte. Auch hier lehnte sie sich mit Vorliebe an römische Reste. So muss Wien schon damals bestanden haben, wenn es auch erst 1030 unter dem Namen Vienni auftaucht⁵); seine nächste Umgebung wenigstens war in den Händen deutscher Siedler: um 860 sassen am Nussbach um das heutige Nussdorf zwei freie Bauern, Amalger und Waltilo, und als ihr Nachbar erwarb damals der Passauer Landbischof Alberich ein paar Hufen durch die Gunst König Ludwigs d. D.⁶)

Andere Siedlungen lehnten sich an den Osthang des Gebirges. Medling, slavischen Ursprungs, war gegen Ende des Jahrhunderts Passauer Besitz und ging dann als Lehen an Madalwin über⁷; die heilkräftigen Quellen von Baden, dem römischen Aquae⁸), lockten auch die Deutschen an; ja König Karlmann hatte hier eine Pfalz — man denke an Aachen! —, die i. J. 869 eine glänzende Versammlung pannonischer, ostmärkischer und bairischer Edelleute sah, die östlichste aller karolingischen Pfalzen⁹).

Weiter im Osten hatte sich das alte glänzende Carnuntum (zwischen Petronell und Heimburg), dessen ausgedehnte Reste noch jetzt die alte Grösse melden[1]), durch alle Stürme erhalten und wird unter altem Namen i. J. 805 genannt, dann nicht mehr[2]): aber die Gegend wurde ein Haltpunkt deutschen Anbaus; südlich von Carnuntum entstand am „schönen Brunnen" der Ort Litaha unfern der Leitha, der dann von jener Quelle den Namen empfing, bis 833 königliches Lehen des Theodorich war, dann an Passau geschenkt wurde[3]). _{Carnuntum.}

In der fruchtbaren, aber auch schutzlosen Ebene zwischen dem Wiener Walde und den Leithabergen tritt eben so wenig ein deutscher wie ein slavischer Ort hervor.

Von der Südseite wenden wir uns zur Nordseite der Donau. Da weist in äussersten Westen der Name Rotolarii, der ohne Zweifel die Anwohner der Rötel (Rotala) bezeichnet, auf eine dichtere Bevölkerung freilich erst gegen Ende des Jahrhunderts[4]). Unfern ihrer Mündung sind die Höhenzüge gegenüber Linz, da, wo die Donau aus gassenartiger Enge in ein weites Tiefbecken eintritt, seit Alters ein Sammelplatz slavischer wie deutscher Bevölkerung. Schon 811 wird das Dorf Puchenau erwähnt[5]), 827 dies wie das benachbarte Kestinberg, das man mit Pöstlingsberg identificirt[6]); im ersteren bestand schon vor 811 Kirche und Pfarre, die wenigstens später nach Linz eingepfarrt waren, und das Kloster Mosburg hatte hier ein Gut[7]): hier hielt auch 827 Graf Wilhelm die schon erwähnte Versammlung der deutschen und slavischen Bewohner der Umgegend ab, um die unsicher gewordenen Grenzen zwischen dem Pfarrgebiet und den slavischen Grundstücken zu bestimmen[8]). Mühlviertel in O.-Oesterreich.

Puchenau, Pöstlingsberg.

Weiter östlich lockte die Deutschen zur Ansiedlung die breite Niederung zwischen Mauthausen und Grein, während die Slaven sie nicht berücksichtigt zu haben scheinen. Hier entstand ausser Sachsen (Saxina) am Ostende[9]) zwischen Aist und Naarn in einiger Entfernung vom Strome das Dorf Naarn (Nardina), der Mittelpunkt der Gegend auch in kirchlicher Beziehung: es hatte eine Taufkirche, und der Hof Agasta, wohl das heutige Alt-Aist, jedenfalls an der Aist gelegen, war dahin eingepfarrt und seine coloni zahlten dahin ihre kirchlichen Gefälle[10]). Die Anlage   Naarn, Sachsen

Alt-Aist

---

1) Ueber sie ausführlich Sacken in den Sitzungsberr. IX, XI, Kenner passim.   2) Einh. Ann. 805. — 3) Pass. 5 v. J. 833 res — in provincia Avavorum in loco — Litaha super fontem - Sconibrunno — cum casis, domibus etc.   Die 892 Mon. boic. XXXIa 142 erwähnten Orte Pergen, Dinpodorf, Mura, welche man früher hier suchte — so noch Weiss I, 28 — liegen in Baiern, im Landgerichte Mosburg, s. Hundt, Freis. Urk. a d. Karol. Z. N. 61. — 4) Zollurkunde von ca. 906: Sclavi — qui de Rugis vel de Baemannis Böhmen — exeunt, ubicumque iuxta ripam Danubii vel ubicunque in Rotalariis vel in Reodariis loca mercandi optimuerint etc. — 5) Hundt, Freis. Urk. a. d. Z. der Karolinger 78 § 28. — 6) Archiv XXVII, 258 N. 1, vgl. S. 291; für die Identität auch Hundt a. a. O. N. 11.   7) S. Anm. 6.   Im Protokoll der Synode von Mistelbach zwischen 983 und 991, welches die kirchlichen Verhältnisse in der Ostmark auf Grund derer vor 907 wiederherstellte, heisst es: ad Linzam decimam de Puochenowa, Mon. boic. XXVIIb 887. — 8) Notitia de illo placito ad Puochinawa, ist das Protokoll überschrieben, dies selbst aber actum est ad Chestinperc. 9) Nur in Pass. 7* 823 erwähnt, aber die Existenz des Ortes wird anzunehmen sein, W. PN. Saxo, nicht der Volksname, s. Förstemann NB. H7 1275.   10) Protokoll von Mistelbach: ad Nardinam — decimam de Agasta ex colonis omnique curtis illius pertinentia. Alle die aufgeführten Kirchen, welche den Zehnten empfingen, sind aber baptismales ecclesiae, Kirchen mit Taufbecken.

dieses Hofes wie die des alten Ried (n. Mauthausen)[1]) giebt zugleich den Beweis, dass die Cultur flussaufwärts in das Dickicht des Waldes drang. Dasselbe gilt von dem Striche zwischen Aist und Naarn. Um die Mitte des Jahrhunderts gab es hier Niederlassungen der Leibeigenen Graf Wilhelms; dann aber begann der mächtige Nordwald (S. 5), von Axt und Feuer noch so wenig gelichtet, dass Wilhelm bei der Uebertragung des Eigentums in dieser Gegend dem Stift Regensburg nach Norden hin eine Grenze überhaupt nicht zog, sondern das Waldland den Stiftsleuten zur Rodung überliess[2]). Von der fortschreitenden Cultur zeugen dann aber die 7 Morgen Ackerlandes am Naarn, die der Freie Durinc um 900 an Regensburg schenkte[3]).

Sehr dünn gesät erscheinen die deutschen Colonien am nördlichen Ufer stromabwärts bis zur Wachau, wie ja auch hier nur wenige slavische sich gebildet hatten. Das ganze Durchbruchstal der Donau von Grein bis Persenbeug entbehrt ihrer durchaus, begreiflich freilich, da bewaldete Felsenhänge fast überall dicht an den Strom treten und nur wenige bedeutungslose Flusstäler nach dem Innern sich öffnen: zumal den Eingang bei Grein sperrten feindlich die weissaufschäumenden Wirbel der Stromschnellen zwischen hohen, dunklen Felsen. Hier war noch den Schiffern des 11. Jahrhunderts das „Haus des Todes"[4]). Erst da, wo der Strom vor Ips in mächtigem Bogen in das kleine Ipser Becken tritt und ein imposanter Fels, weithin das flache Gelände und den breiten Wasserspiegel überherrschend, wie ein Damm gegen das Ufer vorspringt, tritt eine deutsche Niederlassung auf, Bingin, die Beuge[5]), mit ihrem Namen die Lage trefflich bezeichnend, wohl identisch mit Schloss Persenbeug. Kloster Altaich hatte schon zu Karls des Grossen Zeit den Grund und Boden occupirt, hier die villa Bingin angelegt, in der es einen Besitz von 5 Hufen sich 863 von des Kaisers Enkel bestätigen liess[6]).

Die Pioniere desselben Stiftes waren es, die bereits zur selben Zeit das grosse Durchbruchstal der Wachau der deutschen Cultur eröffneten. Hier hatten schon die Slaven an den kleinen Zuflüssen, meist etwas rückwärts vom Strome, ihre kleinen Siedlungen begründet. Dann übernahm jenes Stift von der Krone einen Landstrich am Fusse des Jauerling als Lehen. Da, wo der Aggsbach in die Donau fällt, wurde ein grosser Bezirk von der Ausdehnung einer römischen Quadratmeile (etwa 20 Hufen) urbar gemacht, die Abhänge des Berges bis Spitz hin bebaut, selbst Rebenpflanzungen angelegt. Zahlreiche deutsche Leibeigene des Stiftes bevölkerten die Gegend, benannten überall Fluss und Berg in ihrer Sprache[1]. Es war nur eine verdiente Anerkennung, wenn i. J. 830 König Ludwig d. D. den ganzen umfänglichen Complex dem Kloster schenkte. Auch Freising hatte hier schon vor 830 ein Gut erworben[2].

Wo dann weiter stromabwärts der Blick bereits in die weite Tiefebene schweift und über die seeartig zwischen grünen Inseln und niedrigen buschigen Ufern sich ausbreitenden grauen Wasser der Donau, setzte sich auf altslavischem Boden, in Unter-Loiben, Salzburg fest und liess sich, was hier seine Leute geschaffen, i. J. 861 als Eigentum übertragen[3]. *Loiben.*

In der Ebene selbst, der Nordhälfte des Tullner Beckens, bildeten sich deutsche Niederlassungen im äussersten Westen und Osten, dort auf dem Grunde des Grafen Wilhelm I. am untern Camp[4], hier schob Kremsmünster bis in die äusserste Ostecke der Ostmark, bis über die Schmida, eine Colonie vor, deren Feldmark von dem dammartigen Abfalle des Hügellandes, schon damals Wagrein genannt, begrenzt wurde (bestätigt 877[5]). *Tullner Becken*

Nur in einer Gegend dieses nordöstlichsten Striches der Mark drangen deutsche Siedler, slavischen Spuren folgend, tiefer nordwärts in's Binnenland hinein, im Tale des Kamp. Hier begründete ein Geschlecht freier Eigentümer, untern der slavischen Siedlungen Plank und Ternitz um die Mündung der Stiefern eine Niederlassung. Eine Reihe deutscher und slavischer Bauern war von ihm abhängig[6]. Auch Freisingen muss hier bedeutende Erwerbungen gemacht haben, verweilte doch Bischof Waldo (884—906)[7] einmal in Stiefern, und sie wurden dann noch vergrössert durch Schenkungen jener Freien, die einmal dem Bistum ein Gut gegen einen Zins in Wachs[8] überliessen, dann um 900 — hier war der venerabilis vir Joseph der Schenkgeber — ein anderes Stück ihm als Eigentum gaben. Auch das Bistum verfügte hier über eine Anzahl *Tal des Kamp*

---

1) Alt. 2, 830, vgl. die Namen Wachawa, Bochbach, Accusbach, Ahornicus (für Jauerling), neben dem slavischen Mustrica. Warum unter dem locus Accusbach iuxta ripam Danubii Aggsbach rechts der Donau statt des gleichnamigen links derselben gemeint sein soll, wie Meiller, Ortsnamen 150, Förstemann XII. II² 6 wollen, ist schwer einzusehen, denn der ganze Strich liegt links der Donau, und bei der Sorgfalt der Grenzbezeichnung im Uebrigen lässt sich nicht annehmen, dass die Lage auf dem andern Ufer des Stromes nicht bezeichnet worden wäre. — 2) Unter jenen Altaicher Besitzungen lag damals causa Frisingensis ecclesiae. 3) Slzb. 2. Nach der Ordnung der Namen kann Liupina nur Unter-Loiben, nicht Loiben (Leiben) uw. Melk sein. 4 Kr. 3, 893. — 5) Kr. 2, 877; über Wagrein Förstemann II² 1527 ff. Meiller 167. — 6) Fris. 4, ca. 900: res quas ipse Joseph dominum episcopum hominesque illorum (also beider Mannen) circumduxit. Von den Zeugen heisst es dann: isti homines sui istius traditionis testes fuerunt: Abraham, Prozilo etc. Die vorher genannten testes per aures tracti sind wohl die homines Waldos. — 7) Venerabilis vir Joseph pervenicns ad dominum Waldonem episcopum ad Stiwina (Stiefern an der Mündung des gleichnamigen Baches in den Kamp). 8 Freising sollte zahlen denarium unum von de cera precium valentis denarii

abhängiger, aber persönlich freier Leute deutscher wie slavischer Abkunft; sie figuriren wie die homines Josephs beim Acte der letzten Schenkung als Zeugen.

Blicken wir zurück auf das durchmessene Gebiet. So weit wir die Ansiedlungen der Deutschen zu verfolgen vermögen — und es sind ihrer wohl noch mehr vorhanden gewesen, als die erhaltenen Urkunden erkennen lassen — so hielten sie sich besonders an der Donau, recht im Gegensatze zu denen der Slaven, welche die Nähe der grossen Völkerstrasse eher scheuten und mehr in den Nebentälern und im Hügellande von ihr entfernter sich niederliessen; sie nahmen südwärts derselben mit Vorliebe die kleinen Mündungsebenen der Nebenflüsse für sich, besiedelten namentlich das Tullner Feld, drangen nur an der Traisen, an der Perschling und Tulln tiefer ins Land, bauten überdies gern ihr germanisches Bauernhaus im Schatten altrömischer Castelle. Jenseits des Wiener Waldes wagten sie so wenig sich in die schutzlose Ebene hinaus, wie ihre slavischen Vorgänger, hielten sich vielmehr am Rande des Gebirges und am Ufer der breitströmenden Donau, folgten auch hier mit Vorliebe den Spuren des alten Herrenvolkes. Noch weniger sind sie nördlich des Stromes in's Binnenland gedrungen, das noch das Baummeer des Nordwaldes in unermesslicher Ausdehnung erfüllte, und auch die hier gegründeten Orte stehen offenbar an Zahl und Bedeutung weit zurück hinter denen südlich der Donau.

Ein frisch aufblühendes deutsches Leben tritt uns so überall in der Ostmark entgegen. Mit einer Colonisationskraft, wie sie in christlicher Zeit eben nur Germanen bewiesen, hatten die Baiern ein halbwildes, dünnbevölkertes Land in wenigen Jahrzehnten der Cultur und dem deutschen Volkstume gewonnen. Sie verloren es wieder an die Magyaren durch die vernichtende Niederlage d. J. 907, aber mochten auch die politischen Bande zwischen Mutterland und Colonie zerreissen, was deutsche Arbeit geschaffen, ging doch nicht ganz unter und bildete 50 Jahre später nach der glorreichen Lechfeldschlacht die feste Grundlage neuer und dauernder Schöpfungen.

Bericht über das Schuljahr 1876—1877.

1. Chronik.

Auch das dritte Schuljahr war vorzugsweise dem Ausbau und der Weiterentwickelung der seit Eröffnung der Anstalt getroffenen Einrichtungen gewidmet und hatte mit Gottes Hilfe einen normalen und naturgemässen Verlauf.

Da in Folge der durch die Osterreception gesteigerten Frequenz des Schülercötus auch die Quarta und die Untertertia in zwei sich einander völlig gleichstehende parallele Cöten, Quarta$_1$ und Quarta$_2$, Untertertia$_1$ und Untertertia$_2$, zerlegt werden mussten (vergl. vor. Progr. p. 32), so wurden laut Verordnung vom 23. März Dr. Fritz Hankel als 13^b ständiger Oberlehrer und Dr. Otto Axt als provisorischer Oberlehrer angestellt und durch Verordnung vom 22. April dem Cand. theol. Otto Hardeland als wissenschaftlichem Hilfsoberlehrer der Religionsunterricht in drei Classen des Gymnasiums übertragen. Zugleich ascendierten laut Verordnung vom 23. März die Oberlehrer Dr. Walther Gilbert in die 9., Dr. Theodor Opitz in die 10., Dr. Johannes Jacob in die 11^a., Dr. August Ziel in die 11^b, Dr. Gustav Leipoldt in die 12^a., Dr. Martin Lange in die 12^b., Dr. Conrad Seeliger in die 13^a., Dr. Emil Bochmann in die 14^a. und Oberlehrer Clemens König in die 14^b. ständige Oberlehrerstelle. Ueber ihren bisherigen Lebensgang haben die neueingetretenen Mitglieder des Collegiums nachstehende Mittheilungen zur Veröffentlichung übergeben:

1) Oberlehrer Dr. Gustav Friedrich Heinrich Hankel:

Am 9. Februar 1848 wurde ich in Esperstedt bei Frankenhausen in Thüringen, wo mein Vater Pastor ist, geboren. Nachdem ich meine Vorbildung in einem Privatinstitut der Provinz Sachsen erhalten, besuchte ich das Königl. Gymnasium in Eisleben. Seit Ostern 1867 studirte ich Philologie, zuerst in Göttingen, dann in Leipzig, wo ich zwei Semester dem Königl. Seminar für Philologie angehörte und meiner Militärpflicht genügte. Den französischen Krieg machte ich als Officier mit. Viermal verwundet und mehrfach decorirt wurde ich im September 1872 als Invalid mit der Regimentsuniform verabschiedet, nahm Michaelis 1872 meine Studien in Leipzig wieder auf, erlangte im März 1873 die Doctorwürde durch eine in Ritschls Acta abgedruckte Arbeit De panegyrico in Messallam Tibulliano und bestand im Juli 1873 die Staatsprüfung. Da der Zustand meiner Wunden mir noch nicht gestattete, in Staatsdienste zu treten, war ich zwei Jahre als Erzieher in Weimar thätig, von wo ich Ostern 1876 an das hiesige Königl. Gymnasium berufen wurde.

2) provisorischer Oberlehrer Dr. Carl Otto Axt:

Ich bin geboren am 1. Juli 1848 zu Niederstriegis bei Rosswein, woselbst mein Vater Pastor war. Nach dem frühen Tode desselben wurde ich anfangs der Kreuzschule zu Dresden, später der

Fürstenschule zu St. Afra übergeben, welcher letzteren ich bis Michaelis 1867 als Alumnus angehört habe. Meine philologischen Studien in Leipzig, besonders durch die Professoren Klotz, Curtius, Ritschl und Lange gefördert, haben durch mein Freiwilligendienstjahr 1868—1869, sowie Theilnahme am französischen Feldzuge eine zweimalige Unterbrechung erfahren. Nachdem ich im Juni 1873 auf Grund einer „Quaestiones Ausonianae" betitelten Dissertation die philosophische Doctorwürde erworben, unterzog ich mich im December desselben Jahres der Staatsprüfung. Darauf einer Aufforderung von Seiten des Kaiserl. deutschen Consuls Dr. Bamberg in Messina Folge leistend verlebte ich als Hauslehrer seines Sohnes zwei Jahre in dessen Hause, während welcher Zeit ich Gelegenheit fand, die interessantesten Punkte Italiens, besonders aber die Insel Sicilien, sowie Griechenland kennen zu lernen. Noch erfüllt von den erhabenen Eindrücken des classischen Bodens trat ich im April 1876 meine jetzige Stellung an.

3) wissenschaftlicher Hilfsoberlehrer Cand. theol. Otto Hermann Julius Hardeland:

Geboren am 5. September 1853 zu Wunstorf in Hannover besuchte ich von der Octava an das Königl. Gymnasium Andreanum zu Hildesheim, wohin mein Vater in meiner frühesten Jugend versetzt war. Ostern 1871 verliess ich diese Anstalt und studierte in Leipzig, Erlangen und Göttingen Theologie. Nach abgelegtem Examen war ich von Ostern 1874 an Hauslehrer bei einer in Sachsen und Bayern begüterten Familie. Ostern 1876 ward mir durch besondere Vergünstigung des Königl. Ministeriums der Religionsunterricht in einigen Classen des Königl. Gymnasiums zu Dresden-Neustadt übertragen und durch Verordnung derselben hohen Behörde vom 10. Februar 1877 meine Anstellung bei dem hiesigen Freiherrl. v. Fletcherschen Seminar, dessen Administratoren mich in eine der höheren Oberlehrerstellen berufen, genehmigt.

Der Letztgenannte wird uns demnach bereits Ostern wieder verlassen, um eine ihm übertragene Oberlehrerstelle am hiesigen Freiherrl. v. Fletcher'schen Schullehrerseminar zu übernehmen. Unser Dank für seine treuen Dienste und unsere Segenswünsche begleiten ihn in seinen neuen Beruf.

Da ferner in Folge des Anwachsens der Schülerzahl die Massregel der Zerlegung in zwei Parallelcöten Ostern 1877 auch auf die Obertertia ausgedehnt werden muss und die bisher in einigen Lehrgegenständen möglichen Combinationen mehrerer Classen fernerhin nicht mehr stattfinden können, so beschloss das hohe Ministerium laut Verordnung vom 8. Februar, den Candidaten des höheren Schulamtes Ernst Uhlich aus Dresden, gegenwärtig an der Realschule I. Ordnung zu Zwickau, als 14^b ständigen Oberlehrer und den Candidaten des höheren Schulamtes Dr. Edmund Lammert, gegenwärtig Vicar am hiesigen Vitzthum'schen Gymnasium, als 14^c ständigen Oberlehrer, sowie den Candidaten der Theologie Paul Ludwig Zschommler als Mühlroff als provisorischen Oberlehrer vom 1. April an anzustellen, über deren bisherige Lebensverhältnisse in den Schulnachrichten des nächsten Programms Bericht erstattet werden wird. Laut derselben Verordnung ascendierten die Oberlehrer Dr. Theodor Opitz in die 9^b, Dr. Johannes Jacob in die 10^a, Dr. August Ziel in die 10^b, Dr. Gustav Leipoldt in die 11^a, Dr. Martin Lange in die 11^b, Dr. Conrad Seeliger in die 12^a, Dr. Fritz Hankel in die 12^b, Dr. Emil Bockmann in die 13^a, Oberlehrer Clemens König in die 13^b und Dr. Otto Axt in die 14^a ständige Oberlehrerstelle.

Nach diesen Veränderungen wird der Bestand des Lehrercollegiums vom 1. April an folgender sein:

1) Rector Professor Dr. Hugo Ilberg (Ordinarius von Oberprima).
2) 1. Oberlehrer Conrector Professor Richard Richter I (Ordinarius von Unterprima).
3) 2. Oberlehrer Professor Dr. Carl Richter II (1. Religionslehrer und Bibliothekar der Schülerbibliothek).
4) 3. Oberlehrer Professor Dr. Otto Kämmel (für Geschichte, zugleich Privatdocent für Geschichte am hiesigen Königl. Polytechnikum).
5) 4. Oberlehrer Dr. Bernhard Gerth (Ordinarius von Obersecunda und Bibliothekar der Schulbibliothek).
6) 5. Oberlehrer Dr. Gustav Baumgarten (für Mathematik und Physik).
7) 6. Oberlehrer Dr. Gustav Hoffmann (für Mathematik und Naturwissenschaften, zugleich Privatdocent für Physik am hiesigen Königl. Polytechnikum).
8) 7. Oberlehrer Dr. Theodor Werther (Ordinarius von Untersecunda).
9) 8. Oberlehrer Dr. Johannes Schütze (für Französisch und Englisch).
10) 9^a. Oberlehrer Dr. Walther Gilbert (Ordinarius von Obertertia$_1$).
11) 9^b. Oberlehrer Dr. Theodor Opitz (Ordinarius von Obertertia$_2$).
12) 10^a. Oberlehrer Dr. Johannes Jacob (2. Religionslehrer und Ordinarius von Sexta$_1$).
13) 10^b. Oberlehrer Dr. August Ziel (Ordinarius von Untertertia$_1$).
14) 11^a. Oberlehrer Dr. Gustav Leipoldt (für Geographie).
15) 11^b. Oberlehrer Dr. Martin Lange (Ordinarius von Untertertia$_2$).
16) 12^a. Oberlehrer Dr. Conrad Seeliger (Ordinarius von Quarta$_1$).
17) 12^b. Oberlehrer Dr. Fritz Hankel (Ordinarius von Quarta$_2$), R.
18) 13^a. Oberlehrer Dr. Emil Buchmann (Ordinarius von Quinta$_1$).
19) 13^b. Oberlehrer Clemens König (für Elementarfächer).
20) 14^a. Oberlehrer Dr. Otto Axt (Ordinarius von Quinta$_2$).
21) 14^b Oberlehrer Ernst Uhlich (für Mathematik).
22) 14^c. Oberlehrer Dr. Edmund Lammert (Ordinarius von Sexta$_2$).
23) provisorischer Oberlehrer Paul Zschommler (3. Religionslehrer).
24) Oberturnlehrer Woldemar Bier.
25) Musiklehrer Louis Grosse.
26) Zeichenlehrer Landschaftsmaler Wilhelm Gebhardt.
27) Lehrer für Stenographie Landtagsstenograph Eduard Oppermann.

Auf Ansuchen des Professors Dr. Otto Kämmel genehmigte das Königl. Ministerium des Cultus und öffentlichen Unterrichts durch Verordnung vom 8. Februar, dass derselbe neben seinem Amte als Lehrer am Gymnasium die Function eines Privatdocenten für Geschichte am hiesigen Königl. Polytechnikum übernehme.

Dieselbe hohe Behörde verpflichtete uns zum aufrichtigsten Danke, indem sie dem Oberlehrer Dr. Theodor Werther, dem eine höhere Stellung an einem auswärtigen Gymnasium angetragen worden war, um seine bewährte Kraft unserer Anstalt zu erhalten, laut Verordnung vom 6. Februar eine sehr ansehnliche Gehaltszulage bewilligte.

Auch wurden dem Oberturnlehrer Woldemar Bier durch Verordnung vom 20. Mai eine ausserordentliche Gratification und durch Verordnung vom 22. April dem Musiklehrer Louis Grosse, sowie dem Zeichenlehrer Wilhelm Gebhardt in Folge vermehrter Lehrstunden erhöhte Remunerationen hochgeneigtest gewährt.

Endlich wurde, nachdem der bisherige Hausmeister Johann Carl Schneider nach gewissenhafter Dienstleistung als Hausmeister und Oeconom an das Königl. Schullehrerseminar zu Nossen versetzt worden war, die dadurch erledigte Hausmeisterstelle durch Verordnung vom 3. Juli vom 1. August an dem Hautboisten des 4. Infanterie-Regiments Nr. 103 Christoph Friedrich Schmidt zu Bautzen übertragen.

Vom 2. October bis 18. November betheiligte sich der Rector an den Verhandlungen der während dieser Zeit in Dresden tagenden zweiten ordentlichen evangelisch-lutherischen Landessynode, zu deren weltlichem Mitgliede er im zweiten Wahlkreise (Dresden-Neustädter und St. Annen-Parochie) gewählt worden war. Konnte derselbe auch während dieser Tage seine Amtsgeschäfte grösstentheils verwalten, so musste er doch andererseits auch die Unterstützung seiner Amtsgenossen durch Vertretung in Anspruch nehmen, für deren freundliche Gewährung er ihnen und namentlich dem Herrn Conrector zu bestem Danke verpflichtet ist.

Der Oberlehrer Dr. Walther Gilbert wurde vom 4. August ab zu sechswöchentlicher Dienstleistung als Secondelieutenant der Reserve zu seinem Regimente einberufen und durch Verordnung vom 13. Juni für die genannte Zeit beurlaubt.

Am 29., 30. und 31. Januar unterzog der Herr Geh. Rath Dr. Gilbert das ganze Gymnasium einer eingehenden Revision, wobei sich zugleich Gelegenheit bot, zahlreiche das Beste der Anstalt betreffende Einrichtungen gründlich zu erörtern.

Den Geburtstag Sr. Majestät des Königs, der diesmal in die Osterferien fiel, feierte das Königl. Gymnasium am 27. April, dem Tage seiner Eröffnung, durch einen Festactus, dem zahlreiche Freunde der Anstalt ihre Theilnahme schenkten. Nach einem einleitenden Gesange unter Leitung des Musiklehrers Louis Grosse hielt Professor Dr. Otto Kümmel die Festrede über das Thema: „Parallele zwischen der Entwickelung des christlichen Mittelalters und den ersten Jahrhunderten der griechischen Geschichte." Nachdem der Redner den Gefühlen der Treue und Anhänglichkeit für Se. Majestät warmen Ausdruck gegeben, führte er in längerem Vortrage den Satz durch, dass dieselben historischen Entwickelungsreihen, welche auf dem Boden der christlichen Völker Europas hervorgetreten seien, auch in der altgriechischen Welt beobachtet werden könnten, dass also hier wie dort dieselben Zustände in derselben Zeitfolge auf einander gefolgt seien, so tiefgreifende Verschiedenheiten auch in manchen Beziehungen zwischen der antiken und der christlichen Welt obwalteten. Dieser Rede folgte sodann die Declamation verschiedener Gedichte patriotischen Inhalts durch 10 Schüler der Anstalt und die Verkündigung und Vertheilung der im vergangenen Schuljahre erworbenen Bücherprämien an Zöglinge aller Classen, an die sich die Proclamation der Verleihung eines Stipendiums aus dem Fond der Dresdner Bürgerstiftung an einen Schüler der Unterseconda anschloss (s. unten). Ein Gebet des ersten Religionslehrers Professor Dr. Carl Richter und der Gesang zweier Strophen des Sachsenliedes schlossen die

Feier. Zur Nachfeier des Festtages wurden an einem der folgenden Tage Spaziergänge mit allen Classen nach geeigneten Puncten der Umgebungen Dresdens ausgeführt.

Am 2. September, als dem Jahrestage der Capitulation von Sedan, fand in der Aula des Gymnasiums auch in diesem Jahre unter zahlreicher Betheiligung eine der Erinnerung an die grossen Ereignisse der Jahre 1870 und 1871 gewidmete Gedenkfeier statt. Nach einem einleitenden Gesang kamen zum Vortrag: „Nun lasst die Glocken von Thurm zu Thurm" u. s. w. von Emanuel Geibel, vorgetragen von dem Unterprimaner Bernhard Baumbach; die Schlacht von Sedan von Felix Dahn, vorgetragen von dem Oberprimaner Leo von Brandenstein; Bericht über die Schlacht bei Sedan, vorgetragen von dem Oberprimaner Felix Weiss. Die Festrede, welche der Professor Dr. Carl Richter hielt, hatte zum Thema: „Die Aufgaben, welche das Jahr 1870 als ein grosses Jahr unserem Volke auch für die Zukunft stellt." (1. Gott die Ehre! 2. dem Kaiser Heil! 3. dem Volke Frieden!) Religiöse und patriotische Gesänge unter der Direction des Musiklehrers Louis Grosse verbanden die Haupttheile des Festactus und beschlossen denselben. Hierauf fanden in der Turnhalle, bez. auf dem Turnplatze unter der Leitung des Oberturnlehrers Bier gymnastische Uebungen sämmtlicher Turnclassen statt, worauf mit der Vertheilung der bei denselben errungenen Preise an die Sieger durch den Rector und mit einem von diesem ausgebrachten Hoch auf das Vaterland, Kaiser Wilhelm und König Albert diese Schulfeier endete.

Für den Abend des Fastnachtsdienstags wurde im Schillerschlösschen eine Abendunterhaltung veranstaltet. Zur Aufführung kamen Stücke aus: „Das Lied von der Glocke" von Schiller, Musik von Romberg; Ouverture zur Oper „Die Zauberflöte" von Mozart für Pianoforte zu vier Händen; Schattenbilder aus der alten Welt mit erläuterndem Text. Hieran schloss sich ein einfacher Schülerball.

Confirmiert wurden Ostern 1876 27 Gymnasiasten, nachdem sie von dem ersten Religionslehrer Professor Dr. Richter zur Confirmation vorbereitet worden waren. Die gemeinschaftlichen Communionen der Lehrer nebst ihren Angehörigen und der confirmierten Schüler wurden Mittwoch, den 31. Mai, und Mittwoch, den 8. November, in der Dreikönigskirche zu Dresden-Neustadt gefeiert. Die Beichtreden hielten die Herren Diaconus Dr. Sturm und Diaconus Rüger und spendeten den Communicierenden unter Assistenz des Professors Dr. Richter das heilige Abendmahl, nachdem an den vorhergehenden Tagen der Letztgenannte und der Oberlehrer Dr. Jacob in der Aula die vorbereitenden Andachten gehalten hatten.

Laut Verordnung vom 15. September hat das Königl. Ministerium des Cultus und öffentlichen Unterrichts auf Antrag der Ständeversammlung beschlossen, vom 1. April 1877 an die Schulgeldsätze an den Königlichen und den unter Verwaltung des Ministeriums stehenden städtischen Gymnasien und Realschulen I. Ordnung auf jährlich 120 M. für alle Classen zu erhöhen und bei diesen Anstalten von demselben Zeitpuncte an zu Schulgelderlassen an bedürftige und würdige Schüler anstatt wie zeither 10% bis zu 15% des Solleinkommens vom Schulgelde verwenden zu lassen. Die letztgenannte Bestimmung hatte das Königl. Ministerium an unserer Anstalt bereits durch Verordnung vom 9. April 1874 getroffen und die Entschliessung über Erlassgesuche, sowie über Erlasse von Aufnahme- und Abgangsgebühren (15 M. und 15, bez. 9 M.), wozu der Betrag bis zu 5 % der Solleinnahme zur Disposition gestellt wird, dem Rector unter Vernehmung mit dem Lehrercollegium überlassen. Vgl. Progr. 1875, p. 41. Bei der Berechnung des zu Erlassen bestimmten Procentsatzes sind die vom Schulgelde ganz befreiten Söhne der Lehrer unberücksichtigt zu lassen, mithin in die Schülerzahl nicht mit einzurechnen.

Andererseits ist laut Verordnung vom 5. August aus einem unter Verwaltung des Königl. Ministeriums des Cultus und öffentlichen Unterrichts stehenden Fond zu Stipendien für würdige und bedürftige Schüler bei dem Gymnasium zu Dresden-Neustadt auf die Schuljahre von Ostern 1876—77 und von Ostern 1877—78 der jährliche Betrag von „eintausend fünfhundert Mark" von den Kammern verwilligt und über diese Summe für das erstgenannte Schuljahr bereits vorschriftsmässig disponiert worden. Die dem Königl. Ministerium unterm 4. September vorgelegten und von demselben durch Verordnung vom 6. September genehmigten Vorschläge sind am Schluss unter „Königliche Stipendien (Stipendia C)" verzeichnet. Für die durch Begründung der genannten Stipendia von Neuem bewiesene wohlwollende Fürsorge sei im Namen der Anstalt der ehrerbietigste Dank ausgesprochen! Die genaueren Bestimmungen über das bei der Verleihung zu beobachtende Verfahren sind in dem nachstehenden von dem Königl. Ministerium entworfenen Regulativ enthalten:

Regulativ

über

Verwendung der zu Stipendien für Schüler der Gymnasien und Realschulen 1. Ordnung im Staatsbudget ausgeworfenen Summen.

§ 1.
Bestimmung der Stipendiensumme.

Die in das Staatsbudget eingestellte und von den Kammern verwilligte Summe zu Stipendien ist nur für bedürftige, durch Fleiss, Wohlverhalten und befriedigende Leistungen ausgezeichnete Schüler bestimmt.

Geeignet sind nur Schüler der Ober- und Mittelklassen, welche den gestellten Anforderungen entsprechen.

Bei den betreffenden Realschulen ist die Quarta den Mittelklassen zuzurechnen.

§ 2.
Höhe der Stipendien.

Die für die betreffende Anstalt ausgeworfene Gesammtsumme wird in eine derselben entsprechende Anzahl von einzelnen Stipendien im Betrage von 100 Mark und 50 Mark getheilt.

Ein jährliches Stipendium von 100 Mark wird nur an Schüler der Oberklassen vergeben.

Die Zertheilung der Gesammtsumme in Stipendien nach dem Betrage von 100 und 50 Mark richtet sich lediglich nach dem jeweiligen Verhältnisse der in den Ober- und Mittelklassen befindlichen bedürftigen und würdigen Schüler.

§ 3.
Verfahren bei der Bewerbung und Verleihung.

Die Bewerbung um ein derartiges Stipendium geschieht bei dem Rector, bez. Director der Anstalt schriftlich oder mündlich, welcher in allen Fällen, wo die Bedürftigkeit des Schülers nicht genügend bekannt ist, ein staatsbürgerliches Bedürftigkeitszeugniss einzufordern hat.

Die Vorschläge zur Eintheilung der Jahressumme in Stipendien zu 100 und 50 Mark und zur Vertheilung an bestimmte Schüler entwirft der Rector, bez. Director unter Zuziehung sämmtlicher in den Ober- und Mittelklassen beschäftigten ständigen Lehrer und reicht dieselben längstens Mitte Juni an die Schulcommission, bez. an das Ministerium bei den unter unmittelbarer Leitung desselben stehenden Anstalten ein.

Die Verleihung selbst spricht, unter Prüfung und Berücksichtigung der eingereichten Vorschläge, die Schulcommission, resp. das Ministerium aus.

§ 4.
Zeitdauer des Genusses.

Die Verleihung erstreckt sich immer nur auf ein Schuljahr, von Ostern zu Ostern gerechnet.

Nur wenn eine Stipendienrate durch Tod oder Abgang eines Empfängers von der Anstalt, oder durch Entziehung im Laufe des Schuljahres frei wird, kann dieselbe für die noch übrige Zeit des Genussjahres an einen anderen bedürftigen und würdigen Schüler unter Einhaltung des dafür vorgeschriebenen Verfahrens verliehen werden.

Die bisherigen Empfänger können nach Ablauf jedes Genussjahres unter der Voraussetzung ihrer fortdauernden Bedürftigkeit und Würdigkeit bei jeder nachfolgenden Verleihung wieder berücksichtigt werden.

§ 5.
Entziehung eines Stipendiums.

Macht sich ein Empfänger durch andauernden Unfleiss, oder durch grobe Verstösse gegen die gute Sitte und die Schuldisciplin der Wohlthat des verliehenen Stipendiums unwürdig, so ist ihm dasselbe im Laufe des Genussjahres wieder zu entziehen.

Die Entziehung spricht auf Bericht des Directoriums die Schulcommission, bez. das Ministerium aus.

§ 6.
Auszahlung.

Die Auszahlung an die Empfänger erfolgt in halbjährigen Theilzahlungen am Schlusse jedes Semesters.

Sind die Empfänger nicht oder nur theilweise von Zahlung des Schulgeldes befreit, so ist die Stipendienrate auf das fällige Schulgeld anzurechnen und an die Schulkasse einzuzahlen.

§ 7.
Verrechnung.

In einem Anhange zur Schulkassenrechnung ist über Verwendung der zu Stipendien ausgeworfenen Summe Rechnung zu legen.

Auch in diesem Schuljahre sind den Sammlungen des Gymnasiums zahlreiche Geschenke zugeflossen: der Schulbibliothek von dem Königl. Ministerium des Cultus und öffentlichen Unterrichts, von einem hochgeehrten Gönner, der ungenannt zu bleiben wünscht, von der Direction des Königl. Polytechnikums zu Dresden, von den Herren Oberbibliothekar Hofrath Dr. Förstemann, Baron von Lauer-Münchhofen, Ritterguts- und Fabrikbesitzer Leuschner in Glauchau und Privatus Baumeyer; der Schülerbibliothek von den Herren Verlagsbuchhändler Ehlermann, Dr. med. Spitzner, Oberst a. D. von Meerheimb, Oberlehrer Dr. Leipoldt und Oberlehrer Dr. Hankel, Oberlehrer Stiehler, Buchhändler Höckner, Schriftsteller Dr. Döhn und Kaufmann Dümler; dem physikalischen Cabinet von den Herren Gutsbesitzer Moritz Baumgarten in Wien und Oberlehrer Dr. Baumgarten; den naturwissenschaftlichen Sammlungen von den Herren Pastor Guido Müller in Gröbern, Fabrikant Kiesel in Stassfurt, Kunstgärtner Schwarz und einem ehemaligen Schüler der Anstalt. Näheres unter „Lehrapparat". Den freundlichen Gebern sei im Namen der Anstalt bestens gedankt!

2. Lehrverfassung.

Uebersicht über den von Ostern 1876 bis Ostern 1877 ertheilten Unterricht.

Oberprima.

Ordinarius: der Rector.

Religionslehre. 2 St. Im Sommer: Einleitendes zu dem N. T., speciell zu den Evangelien. Kindheitsgeschichte Jesu. — Im Winter: Fortsetzung der evangelischen Geschichte nach den Evangelien. Die Lehre Jesu, besonders nach Johannes. Richter II.

Deutsch. 3 St. Im Sommer: Repetition der Literaturgeschichte. Fortsetzung von der zweiten schlesischen Schule bis zu Klopstock. — Im Winter: Fortsetzung bis Goethe und Schiller. Lectüre nach Hopf und Paulsiek. 2 St. — Freie Aufsätze, Vorträge und Declamationen (Sommer und Winter). 1 St. Richter II.

Lateinisch. 9 St. Im Sommer: Cicero de oratore lib. II, 1—20. Tacitus ann. Auswahl aus lib. XIII. XIV. XV. Horatius epist. ad Pis. Od. lib. IV. — Im Winter: Cic. de orat. lib. II, 21—45. Tacit. ann. 1, 1—30. Horatius epist. lib. I. Od. III. 1—6. Auswahl aus Satiren und Epoden. 6 St. Im Sommer und Winter: Ausgewählte Capitel aus der Grammatik, der Stilistik und den Antiquitäten, Emendation der Aufsätze, Scripta, Extemporalia und metrischen Arbeiten. 2 St. Lateinische Disputationen. 1 St. Ilberg.

Griechisch. 6 St. Im Sommer: Demosthenes I. II. III. IX. — Im Winter: Thucydides I, 24—34. 44—97. 125—146. II. 1—7. 3 St. — Im Sommer und Winter: Emendation der Pensa; Extemporalia. 1 St. Richter I. — Im Sommer: Sophokles Antigone. Im Winter: Sophokles Ajax. 2 St. Ilberg.

Privatim lasen die Oberprimaner unter Controle des Rectors Sophokles, Cicero, Tacitus, Horatius und eine Auswahl aus neueren Lateinern, unter Controle des Conrectors Demosthenes, Aeschines, Isocrates, Plato, Plutarch, Lucian.

Hebräisch. 2 St. Im Sommer: Beendigung der Nominallehre nach Seffer. Gelesen c. c. 4. 3. 4. 5. Im Winter: Die Lehre von den Partikeln. Lesen und Uebersetzen unpunktirter Stücke (nach Seffer). Gelesen c. c. 8. 19. 23. 27. 12. 13. 124. 126. 127. 128 Stücke aus 1. Sam. Schriftliche Uebersetzungen. Richter II.

Französisch. 2 St. Im Sommer: Montesquieu: Considérations sur les causes de la grandeur des Romains etc. cp. XI—XVI. Im Winter: Phèdre de Racine. 1 St. Grammatik. Im Sommer Repet. einiger Capitel der Syntax. Im Winter Synonymie. Emendation der freien Arbeiten. Literaturgeschichte im Anschluss an 8 freie Vorträge: im Sommer Corneille, Racine, Boileau, Montesquieu; im Winter Lafontaine, Bossuet, Voltaire, J. J. Rousseau. 1 St. Schütze.

Englisch. 2 St. Im Sommer: How I found Livingstone by Stanley. Im Winter: Shakespeare's Coriolanus acte 1–3. 1 St. — Syntax nach Gesenius, Gramm. der engl. Sprache. §§ 81–166. Scripta. 1 St. Schätze.
Mathematik. 4 St. Im Sommer: Stereometrie II. Theil. — Im Winter: Körperberechnung. Maxima und Minima. Combinatorik. Besondere quadratische Gleichungen. Cubische Gleichungen. Baumgarten.
Physik. 2 St. Im Sommer: Wellenlehre. Akustik. — Im Winter: Optik. Baumgarten.
Geschichte. 3 St. Im Sommer: Das Zeitalter des spanischen Erbfolgekrieges und des nordischen Krieges. Preussisch-deutsche Geschichte im Zeitalter Friedrich's des Grossen. Im Winter: Die Periode der französischen Revolution und Napoleon's I. 1789–1815. — Repetitionen und vertiefende Vorträge aus der 1. Hälfte der griechischen Geschichte. Kämmel.
Philosophische Propädeutik. 1 St. Logik nach Trendelenburg elementa log. Arist. Nach Repetition des vorjährigen Pensums (§§ 1–36) Fortsetzung und Schluss (§§ 37–69). Richter II.

Unterprima.
Ordinarius: Conrector Prof. Richter I.

Religionslehre. 2 St. Combinirt mit I^a
Deutsch. 3 St. Im Sommer: Literaturgeschichte von den Anfängen bis zur ersten classischen Periode. — Im Winter: Fortsetzung bis zur Reformation. Lectüre nach Hopf und Paulsiek. 2. St. — Freie Aufsätze. Vorträge und Declamationen combinirt mit I^a. 1 St. Richter II.
Lateinisch. 9 St. Im Sommer: Sallust Jugurthin. Krieg (halb). — Im Winter: Cicero für Sestius. 4 St. — Im Sommer und Winter: Horaz Oden IV. III. I. Epoden 1. 2. 4. 6. 7. 9. 13. 15. 16. 2 St. — Extemporalia, Emendation der Pensa und Aufsätze, metrische Uebungen. 3 St. Richter I.
Griechisch. 6 St. Im Sommer: Plato Apologie. — Im Winter: Demosthenes IV. V. VI. VIII. 3 St. — Im Sommer und Winter: Extemporalia und Emendation der Pensa. 1 St. Richter I. — Im Sommer: Griechische Elegiker und Lyriker in Auswahl. — Im Winter: Euripides Iphigenia in Taurien. 2 St. Gerth.
Privatim lasen die Unterprimaner unter Controle des Ordinarius: Plato, Demosthenes, Sallust, Cicero.
Hebräisch. 2 St. Vollendung der Lehre vom schwachen Verbum. Nominallehre. Uebersetzen aus dem Hebräischen und Deutschen. Im Winter combinirt mit I^a. Richter II.
Französisch. 2. St. Lectüre bis Weihnachten: Montesquieu, Considérations sur les causes de la grandeur des Romains etc. cp. 1–10. Von Weihnachten bis Ostern: Molière, le Bourgeois gentilhomme Act 1–3. 1 St. — Grammatik nach Plötz, Syntax und Formenlehre cp. 34–48. Von Michaelis: Literatur

7

geschichte im Anschluss an 4 freie Vorträge: Origines de la langue française; les troubadours; les trouvères; l'art dramatique au moyen âge. — Freie Arbeiten. 1 St. Schütze.

Englisch. 2 St. Combinirt mit I.ᵃ
Mathematik. 4 St. Im Sommer: Anwendungen der Goniometrie und Trigonometrie. Aufgaben über das Dreieck und seine Berührungskreise. Stereometrie I. Th. Besondere quadratische Gleichungen. — Im Winter: Stereometrie II. Th. Aufgaben aus der neuern Geometrie. Kettenbrüche. Diophantische Gleichungen. Baumgarten.
Physik. 2 St. Im Sommer: Mechanik der flüssigen und luftförmigen Körper. — Im Winter: Wellenlehre. Akustik. Baumgarten.
Geschichte. 3 St. Combinirt mit I.ᵃ
Philosophische Propädeutik. 1 St. Combinirt mit I.ᵃ

Obersecunda.

Ordinarius: Oberlehrer Dr. Gerth.

Religionslehre. 2 St. Kirchengeschichte bis zur Reformation. Richter II.
Deutsch. 3 St. Im Sommer: Mittelhochdeutsche Formenlehre nach Martin. Das Deutsche als Glied des arischen Sprachstammes. Uebersicht über die Geschichte der deutschen Literatur bis zur 1. class. Periode. Declamationen, freie Vorträge über historische Themen, Aufsätze. — Im Winter: Lectüre ausgewählter Partien des Nibelungenliedes, der Lieder und Sprüche Walthers. Declamationen, Vorträge, Aufsätze. Kämmel.
Lateinisch. 10 St. Im Sommer: Livius XXI, 1–29. Vergil Aeneis II. — Im Winter: Cicero Philipp. II. Terentius Andria. 6 St. Im Sommer und Winter: Stilistische Uebungen. Emendation der freien Aufsätze, Scripta und Extemporalien. 3 St. Metrische Uebungen. 1 St. Gerth.
Griechisch. 6 St. Im Sommer: Herodot VII, 1—36. — Im Winter: Isocrates Panegyr. 3 St. — Im Sommer und Winter: Homer Ilias I. II. IX. XI. 2 St. Wiederholung und Erweiterung der Tempus- und Moduslehre. Infinitiv, Particip. Negationen. Emendation der Scripta und Extemporalien. 1 St. Gerth.
  Privatim lasen die Obersecundaner unter Controle des Ordinarius Cicero Phil. 1, Vergil, Sallust, Herodot, Homer.
Hebräisch. 2 St. Formenlehre. Das starke Verbum. Verbalsuffixe. Uebersetzungen aus dem Hebräischen und Deutschen. Richter II.
Französisch. 2 St. Im Sommer und Winter: Lectüre der Expédition de Bonaparte en Egypte et en Syrie par Ad. Thiers, mit Benutzung von Panckoucke, Description de l'Egypte. 1 St. Grammatik nach Plötz, Syntax und Formenlehre ep. 31—48. Emendation der schriftlichen Arbeiten. 1 St. Schütze.
Englisch. 2 St. Grammatik nach Gesenius, Elementarbuch der englischen Sprache, ep. 1—24. Lectüre prosaischer und poetischer Lesestücke desselben Lehrbuches. Recitation einiger Gedichte. Scripta. Schütze.

Mathematik. 4 St. Im Sommer: Repetition der Planimetrie. Cyclometrie. Logarithmen. Anwendungen der Gleichungen ersten Grades. — Im Winter: Goniometrie. Trigonometrie. Aufgaben über harmonische Theilung. Gleichungen zweiten Grades. Baumgarten.
Physik. 2 St. Im Sommer: Einleitung. — Im Winter: Mechanik der starren Körper. Baumgarten.
Geschichte. 3 St. Im Sommer: Geschichte des Mittelalters und der Periode der Kreuzzüge und der Hohenstaufen. — Im Winter: Geschichte des 14. und 15. Jahrhunderts. Römische Geschichte vom Beginn des 1. punischen Krieges bis auf Cäsars Tod theils repetitionsweise, theils in erweiternden und vertiefenden Vorträgen. Kümmel.

Untersecunda.

Ordinarius: Oberlehrer Dr. Werther.

Religionslehre. 2 St. Allgemeine Bibelkunde. Behandlung des Pentateuch mit besonderer Berücksichtigung der neueren, namentlich ägyptologischen Forschungen. Richter II.
Deutsch. 3 St. im Sommer: Lectüre von Schiller's Tell mit Erörterungen über die Theorie des Dramas. Declamationen; Versuche in freien Vorträgen im Anschluss an Caesar. bell. Gall. und civile. Aufsätze. — Im Winter: Lectüre von Lessing's Minna von Barnhelm mit Fortsetzung der theoretischen Besprechungen. Anfangsgründe des Mittelhochdeutschen. Declamationen, freie Vorträge über historische Themen. Aufsätze. Kümmel.
Lateinisch. 10 St. Im Sommer: Cicero, pro lege Manilia. 3 St. — Im Winter: pro Roscio Amerino. 4 St. Ovid, Fasten I—III mit Auswahl. 2 St. Metrische Uebungen. 1 St. Grammatik: Repetition der Syntax. Einiges aus der Stilistik. Im Sommer 2, im Winter 1 St. Scripta und Extemporalia. 2 St. Werther.
Griechisch. 6 St. Xenophon Hellenica I. II, 1—2. 2 St. Homer Odyssee I—IV. Die übrigen Bücher sind unter fortlaufender Controle privatim gelesen worden. 2 St. Grammatik: Wiederholung der unregelmässigen Verba und der Casuslehre. Genera Verbi. Tempus- und Moduslehre. Scripta und Extemporalia. 2 St. Werther.
Französisch. 2 St. Im Sommer und Winter: Lectüre aus Göbel, Choix de poésies narratives. Perorirübungen. 1 St. Grammatik nach Plötz, Syntax und Formenlehre ep. 17—34. Emendation der schriftlichen Arbeiten. 1 St. Schütze.
Englisch. 2 St. Mit IIa combinirt.
Mathematik. 4 St. Arithmetik. Im Sommer: Radicirung von Zahlen. Erste Hälfte der Lehre von den Potenzen und Wurzeln. Im Winter: Zweite Hälfte der Lehre von den Potenzen und Wurzeln. Die Radicirung algebraischer Ausdrücke. Gleichungen vom ersten Grade mit einer Unbekannten. 2 St. —

Geometrie: Im Sommer: Baltzer Elemente § 9, 10 u. S. — Im Winter: § 11 u. 12. Schriftliche Aufgaben und Extemporalien. 2 St. **Hoffmann.**

Naturwissenschaften. 2 St. Im Sommer: Einleitung in die Mineralogie. Das Wichtigste aus der Chemie. Erste Hälfte der Oryctognosie. — Im Winter: Zweite Hälfte der Oryctognosie und Geologie. **Hoffmann.**

Geschichte. 3 St. Im Sommer: Römische Geschichte von Sullas Tode bis zur Schlacht bei Actium. Geschichte der römischen Kaiserzeit als Uebergang zum Mittelalter, daher mit besonderer Berücksichtigung des Christenthums und der Berührung mit den Germanen. Die Völkerwanderung 375—476. — Im Winter: Geschichte des Mittelalters bis zum Beginn der Kreuzzüge. Repetitionen aus der früheren römischen Geschichte. **Kämmel.**

Obertertia.

Ordinarius: Oberlehrer Dr. **Gilbert.**

Religionslehre. 2 St. Allgemeines über Religion. Bibel, Katechismus. Repetition des Katechismus. **Richter II.**

Deutsch. 2 St. Erklärung von Gedichten Schillers. Declamation. Besprechung der Aufsätze. **Werther.**

Lateinisch. 10 St. Caes. bell. Gall. V., bell. civ. I, 1—45. 2 St. Controle der Privatlectüre (Caes. bell. Gall. VII. bell. civ. III, 1—30). 1 St. Ovid Metam. nach Siebelis 1. 3. 6. 7. 8. 12 und zum Theil 16. 2 St. Metrische Uebungen. 1 St. Grammatik (Tempus- und Moduslehre). Mündliches Uebersetzen aus Ostermann. 2 St. Emendation der Scripta und Extemporalien. 2 St. **Gilbert.**

Griechisch. 6 Stunden. Xenophon Anab. II—VI. 4 St. (d. II. Buch privatim). Kurze Uebersicht über die Syntax. Casuslehre. Repetition des Pensums von Quarta und Untertertia. Scripta und Extemp. 2 St. (im Winter Xen. 3 St. Homer Od. 1, 1—150. 1 St.) **Lange.**

Französisch. 2 St. Im Sommer und Winter: Le Phedre français. Recitation. 1 St. Plötz, Syntax und Formenlehre, cap. 1—17. Scripta und Extemporalia. 1 St. **Axt.**

Mathematik. 4 St. Arithmetik. Im Sommer: Gründliche Repetition des Pensums der vorigen Classe. Dann Heis § 22—25. Im Winter: Die Lehre von der Theilbarkeit der Zahlen. Die Verhältnisse und Proportionsrechnung. Heis § 26—33. 2 St. — Geometrie: Im Sommer: Baltzer Elemente § 1—5 (im Winter: § 6, 7, 9 u. 10). Schriftliche Arbeiten, 2 St. **Hoffmann.**

Naturwissenschaften. 2 St. Im Sommer: Astronomische Geographie. — Im Winter: Meteorologie. Die Oberflächenverhältnisse der Erde. Die an der Erdoberfläche verändernd wirkenden Kräfte. Die Entwicklungsgeschichte der Erde. **Hoffmann.**

Geschichte. 2 St. Im Sommer: Griechische Geschichte von der Schlacht bei Mantinea bis zum Tode Alexanders d. Gr. 323. Römische Geschichte bis zum

Ende des Ständekampfes. — Im Winter: Fortsetzung derselben bis zu Sullas Tode. Kämmel.

Geographie. 2 St. Ausführliche Darstellung der physikalischen, ethnographischen und politischen Verhältnisse von Centraleuropa. Leipoldt.

Untertertia 1.

Ordinarius: Oberlehrer Dr. Opitz.

Religionslehre. 2 St. Bibelkunde des alten und neuen Testaments. Memoriren von Liedern und Psalmen. Jacob.

Deutsch. 2 St. Erklärung von Gedichten (besonders von Uhland). Declamation. Aufsätze. Von Zeit zu Zeit Dictate zur Befestigung in Orthographie und Interpunction. Opitz.

Lateinisch. 10 St. Caesar de bello Gallico lib. I, 1—29. V. VI. 3 St. Casuslehre. Orts- und Zeitbestimmungen. Pronomina. Tempuslehre. 2 St. Mündliches Uebersetzen aus Ostermanns Uebungsbuch für Tertia. 1 St. Scripta und Extemporalia. 2 St. Opitz. Prosodie und Metrik. Uebungen in Versification. Lectüre aus Franke's Chrestomathie. 2 St. Gilbert.

Griechisch. 6 St. Verba auf $\mu\iota$. Unregelmässige Verba nach Weiske. Repetition des Pensums der Quarta. Lectüre aus Wesener II. Wöchentliche Scripta und Extemporalia. Gilbert.

Französisch. 2 St. Im Sommer und Winter ausgewählte Lesestücke aus Seinecke Premières lectures françaises. Perorirübungen. 1 St. Repetition des Pensums der Quarta nach Plötz. Elementargrammatik der franz. Sprache § 61 bis § 105. Daneben von Michaelis specielle Behandlung des Zeitworts nach Steinbart. Das französische Verbum. Emendation der schriftlichen Arbeiten. 1 St. Schütze.

Mathematik. 4 St. Arithmetik. Im Sommer: Repetition der Decimalbruchrechnung. Vorbegriffe der allgemeinen Arithmetik. Heis § 1—13. — Im Winter: Heis § 14—25. 2 St. — Geometrie. Im Sommer: Erster Theil der geometrischen Formenlehre. — Im Winter: Zweiter Theil derselben. Berechnung des Flächeninhalts verschiedener Figuren. 2 St. Hoffmann.

Naturwissenschaften. 2 St. Im Sommer: Botanik. Das natürliche Pflanzensystem. Anleitung zum Bestimmen der Pflanzen. Anatomie und Physiologie der Gewächse. — Im Winter: Zoologie. Repetition der Osteozoen. Darauf die Entomozoen und Bilder aus der niederen Thierwelt. Hoffmann.

Geschichte. 2 St. Im Sommer: Griechische Geschichte bis zum Beginn der Perserkriege. — Im Winter: Fortsetzung bis zum Frieden des Antalkidas 387. Kämmel.

Geographie. 2 St. Ausführliche Darstellung der aussereuropäischen Erdtheile mit besonderer Berücksichtigung der Flora und Fauna, sowie des Völkerlebens der einzelnen Länder. Leipoldt.

Untertertia 2.
Ordinarius: Oberlehrer Dr. Ziel.

Religionslehre. 2 St. Mit III$^b_1$ combinirt.
Deutsch. 2 St. Erklärung von Gedichten (besonders von Uhland). Declamation. Aufsätze. Von Zeit zu Zeit Dictate zur Befestigung in Orthographie und Interpunction. Opitz.
Lateinisch. 10 St. Caes. b. G. VI, 11—44. VII. 3 St. Syntaxis convenientiae. Casuslehre. Orts-, Raum- und Zeitbestimmungen. Gebrauch der Substantiva, Adjectiva und Pronomina. Tempuslehre. Scripta und Extemporalia wöchentlich. 4 St. Mündliches Uebersetzen aus Ostermann's Uebungsbuch für Tertia. 1 St. Prosodie. Metrische Uebungen und Uebersetzen aus Franke's Chrestomathie. 2 St. Ziel.
Griechisch. 6 St. Verba auf μι. Unregelmässige Verba nach Weiske. Repetition des Pensums der Quarta. Lectüre aus Wesener II. Wöchentliche Scripta und Extemporalia. Opitz.
Französisch. 2 St. Ausgewählte Lesestücke aus Seinecke. Premières lectures françaises. Memorirübungen. 1 St. Repetition und Erweiterung des Pensums für Quarta nach Plötz, Elementargrammatik §§ 61—105. Daneben seit Michaelis eingehendere Behandlung des Zeitwortes nach Steinbart. Scripta und Extemporalia. 1 St. Axt.
Mathematik. 4 St. Mit III$^b_1$ combinirt.
Naturwissenschaften. 2 St. Mit III$^b_1$ combinirt.
Geschichte. 2 St. Mit III^b combinirt.
Geographie. 2 St. Dasselbe wie in III$^b_1$. Leipoldt.

Quarta 1.
Ordinarius: Oberlehrer Dr. Lange.

Religionslehre. 3 St. Auslegung des dritten, Memoriren und kurze Erklärung des vierten und fünften Hauptstücks. Memoriren von Sprüchen und Liedern. Jacob.
Deutsch. 3 St. Anleitung zur Ausarbeitung deutscher Aufsätze. Redeübungen. Declamation. Orthographie. Interpunction. Repetition der Form- und Satzlehre. Lange.
Lateinisch. 10 St. Lectüre aus Nepos und Wellers Livius. Einige Fabeln des Phädrus. 1 St. Uebersicht über die Syntax und Repetition der Formenlehre. 3 St. Wöchentliche Scripta und Extemporalia. 3 St. Lange.
Griechisch. 6 St. Regelmässige Formenlehre bis zu den Verba liquida. Uebersetzen und Vocabellernen aus Wesener (1. Theil). Scripta und Extemporalia wöchentlich. Ziel.
Französisch. 2 St. Repetition des Pensums der Quinta; sodann Plötz, Elementargrammatik §§ 61—99. Recitation. Scripta und Extemporalia. Axt.

Mathematik. 3 St. Im Sommer: Einfache und zusammengesetzte Schlussrechnung. Verhältnisse und Proportionen. — Im Winter: Procent-, Zins-, Discont-, Ketten-, Gesellschafts-, Mischungs-, Münz-, Wechsel- und Zinseszinsrechnung. König.
Naturwissenschaften. 1 St. Im Sommer Botanik, im Winter Zoologie. Repetition und Erweiterung des Pensums der Quinta. Hoffmann.
Geschichte. 2 St. Deutsche Geschichte von 1273 bis 1815. Seeliger.
Geographie. 2 St. Die Länder Europa's in ausführlicher Darstellung. Leipoldt.

Quarta$_2$.
Ordinarius: Oberlehrer Dr. Seeliger.

Religionslehre. 3 St. Erklärung des dritten, vierten und fünften Hauptstücks; Repetition der alttestamentlichen Geschichte. Memoriren von Sprüchen und Liedern. Hardeland.
Deutsch. 3 St. Lectüre aus Hopf und Paulsiek. Besprechung von Aufsätzen. Declamationen. Redeübungen. Repetition der Form- und Satzlehre. Seeliger.
Lateinisch. 10 St. Uebersicht über die Syntax. Mündliches Uebersetzen aus Ostermanns Uebungsbuch für Quarta. 3 St. Lectüre aus Wellers Livius und Cornelius Nepos. 3 St. Scripta und Extemporalia. 3 St. Repetition der unregelmässigen Verba. 1 St. Seeliger.
Griechisch. 6 St. Regelmässige Formenlehre bis zu den verbis liquidis. Uebungen im Uebersetzen, Lernen von Vocabeln nach Wesener (1. Theil). Scripta und Extemporalia wöchentlich. Bochmann.
Französisch. 2 St. Dasselbe wie in IV$_1$. Axt.
Mathematik. 3 St. Dasselbe wie in IV$_1$. König.
Naturwissenschaften. 1 St. Dasselbe wie in IV$_1$. Hoffmann.
Geschichte. 2 St. Deutsche Geschichte von 1273 bis 1815. Hankel.
Geographie. 2 St. Dasselbe wie in IV$_1$. Leipoldt.

Quinta$_1$.
Ordinarius: Oberlehrer Dr. Hankel.

Religionslehre. 3 St. Biblische Geschichte des neuen Testaments. Erklärung des zweiten Hauptstücks. Memoriren von Sprüchen und Liedern. Jacob.
Deutsch. 3 St. Lectüre aus Hopf und Paulsiek. Satz- und Interpunctionslehre. Uebungen im Declamiren und Erzählen. Besprechung deutscher Arbeiten. Hankel.
Lateinisch. 10 St. Repetition und Erweiterung des Pensums der Sexta. Die unregelmässigen Verba, die Adverbia; Präpositionen und Conjunctionen. Acc. c. inf., Abl. abs. Einzelnes aus der Casuslehre. Mündliches Uebersetzen aus Ostermann. Wöchentliche Scripta und Extemporalia. 7 St. Lectüre aus Wellers Herodot. 3 St. Hankel.

Französisch. 3 St. Liebe, Methodische Grammatik der französ. Sprache. Elementarcursus § 1—32. Leseübungen nach demselben Buche. Recitation. **Schütze.**

Mathematik. 3 St. Die gemeinen Brüche. Regel de tri. Die Decimalbrüche. Die verkürzten Species. Gemischte Aufgaben. **König.**

Naturwissenschaften. 2 St. Im Sommer: Botanik. Terminologie. Organographie. Linné's System. Ausgewählte Pflanzenfamilien. — Im Winter: Zoologie. Reptilien und Fische. **König.**

Geschichte. 2 St. Repetition des Sextanerpensums. Deutsche Geschichte bis 1273. **Hankel.**

Geographie. 2 St. Im Sommer: Einige Fundamentallehren aus der mathematischen Geographie. Allgemeine Betrachtung der Continente und Weltmeere. Asien. — Im Winter: Afrika, Amerika und Australien. **Leipoldt.**

Quinta₂.

Ordinarius: Oberlehrer Dr. Bochmann.

Religionslehre. 3 St. Biblische Geschichte des neuen Testaments. Erklärung des zweiten Hauptstücks. Memoriren von Sprüchen und Liedern. **Bardeland.**

Deutsch. 3 St. Satz- und Interpunctionslehre. Uebungen im Aufsuchen und Anordnen des Stoffes bei Besprechung deutscher Themata. Declamir- und Leseübungen. Aufsätze. Orthographische Dictate. **Bochmann.**

Lateinisch. 10 St. Im Sommer: Repetition und Erweiterung des Pensums der Sexta. Adverbia. Präpositionen. — Im Winter: Conjunctionen. Das unregelmässige Verbum. Hauptpunkte aus der Syntax (Accus. c. Inf., Participium conjunctum und absolutum. Einzelnes aus der Casuslehre). — Im Sommer und Winter: Scripta und Extemporalia wöchentlich 7 St. Lectüre aus Wellers Herodot. 3 St. **Bochmann.**

Französisch. 3 St. Liebe, Method. Grammatik der franz. Sprache. Elementarcursus. § 1—32. Leseübungen nach demselben Buche. Recitation. **Schütze.**

Mathematik. 3 St. Dasselbe wie in V₁. **König.**

Naturwissenschaften. 2 St. Dasselbe wie in V₁. **König.**

Geschichte. 2 St. Erzählungen aus dem Mittelalter. **Seeliger.**

Geographie. 2 St. Dasselbe wie in V₁. **Leipoldt.**

Sexta₁.

Ordinarius: Oberlehrer Dr. Jacob.

Religionslehre. 3 St. Biblische Geschichte des alten Testaments. Erklärung des ersten. Memoriren des ersten bis dritten Hauptstücks. Memoriren von Sprüchen und Liedern. **Jacob.**

Deutsch. 3 St. Im Sommer: Eintheilung der Wortarten und deren Biegung (Declination, Conjugation, Comparation). Im Winter: Der einfache und erweiterte Satz. — Im Sommer und Winter: Erläuterung. Recitiren kurzer Gedichte und prosaischer Abschnitte aus dem Lesebuche von Hopf und Paulsiek. Wöchentlich eine stilistische Arbeit. Dictate. Leipoldt.

Lateinisch. 10 St. Regelmässige Formenlehre bis zu den Verba deponentia incl. Uebungen im Uebersetzen nach Ostermann. Wöchentlich ein Scriptum und ein Extemporale. Memoriren von Vocabeln und kleinen Erzählungen. Jacob.

Mathematik. 3 St. Die vier Species mit unbenannten, gleich- und ungleichbenannten Zahlen. Regel de tri. Zeitrechnung. Bier.

Naturwissenschaften. 2 St. Im Sommer: Botanik. Ausgewählte Pflanzen. Linné's System, Terminologie und Organographie. — Im Winter: Zoologie. Die Organe des menschlichen Körpers. Säugethiere. Ueberblick über die Vögel. König.

Geschichte. 2 St. Erzählungen aus der griechischen Mythologie, der griechischen und römischen Geschichte. Hankel.

Geographie. 2 St. Im Sommer: Entwicklung der geographischen Grundbegriffe an der Hand der Heimathskunde. Sachsen. — Im Winter: Deutschland in ausführlicher, die übrigen europäischen Länder in gedrängter Darstellung. Leipoldt.

Sexta $_2$.

Ordinarius: Oberlehrer Dr. Axt.

Religionslehre. 3 St. Biblische Geschichte des alten Testaments. Kurze Erklärung des 1. Hauptstücks. Memoriren von Sprüchen und Liedern. Hardeland.

Deutsch. 3 St. Hauptregeln der deutschen Orthographie (nach dem vom Berliner Gymnasiallehrer-Verein herausgegebenen Hilfsbuche), Interpunction und Grammatik. Lesen und Erklärung prosaischer Stücke und Gedichte aus Hopf und Paulsiek für Sexta. Declamiren. Aufsätze und Dictate wochenweise abwechselnd. Ziel.

Lateinisch. 10 St. Die regelmässige Formenlehre bis zu den Verba deponentia incl. Mündliche und schriftliche Uebungen im Uebersetzen nach Ostermann; Memoriren von Vocabeln und Sätzen. Wöchentliche Scripta und Extemporalia. Axt.

Mathematik. 3 St. Die vier Species unbenannter, gleich und verschieden benannter Zahlen. Zeitrechnung. Gemischte Aufgaben. König.

Naturwissenschaften. 2 St. Dasselbe wie in VI$_1$. König.

Geschichte. 2 St. Erzählungen aus der griechischen und römischen Geschichte. Seeliger.

Geographie. 2 St. Dasselbe wie in VI$_1$. Leipoldt.

Künste.

Turnen. 20 St. und zwar 18 St. in 9 Abtheilungen: VI_1, VI_2, V_1, V_2, III^a classenweise, IV_1 und IV_2, $III^b{}_1$ und $III^b{}_2$, II^b und II^a, I^b und I^a combinirt, und für I bis IV 2 Kürturnstunden. Bier.

Statistische Leistungstabelle.

Classen	Schülerzahl	Dispensirt auf immer	Dispensirt auf Zeit	Haugwippen ristgr. am Reck	Durchschnittsleistung im Stützwippen am Barren	Hochstemmen des 25 Kg.-Stabhantels	Weitspringen vom 10 cm hohen Sprungbret	Hochspringen	Reckhöhe	Felgaufschwung ristgr. am Reck	Schwungkippe am Reck	Riesensprung über den Kasten 1,00ᵐh, 1,65ᵐlg.	Erklettern des 6,50 m. hohen Taues
I^a	9	1	2	11	13	19^2	426 cm	129 cm		86°/₀	70°/₀	100°/₀	—
I^b	13	0	2	$5^1{}_{14}$	$6^5{}_{14}$	$14^5{}_{14}$	395 „	123 „		83°/₀	17°/₀	83°/₀	—
II^a	20	1	1	$5^4{}_5$	$8^4{}_5$	$11^3{}_5$	382 „	119 „		83°/₀	16°/₀	94°/₀	—
II^b	27	0	2	$6^3{}_5$	$8^1{}_5$	$9^5{}_5$	349 „	119 „		68°/₀	28°/₀	72°/₀	—
III^a	29	2	3	$5^5{}_9$	$5^1{}_{12}$	$7^1{}_5$	344 „	114 „	1,00	88°/₀	20°/₀	68°/₀	100°/₀
$III^b{}_1$	19	0	1	$5^4{}_9$	$5^5{}_9$	3	335 „	109 „		74°/₀	31°/₀	67°/₀	100°/₀
$III^b{}_2$	18	0	2	$5^1{}_2$	$4^{11}{}_{17}$	$4^6{}_{17}$	340 „	110 „		65°/₀	28°/₀	53°/₀	100°/₀
IV_1	27	0	2	$2^{11}{}_{25}$	$3^4{}_{25}$	—	322 „	101 „	1,00	68°/₀	4°/₀	—	100°/₀
IV_2	26	0	1	$2^2{}_5$	$2^3{}_5$	—	327 „	101 „		73°/₀	0°/₀	—	96°/₀
V_1	37	0	1	$2^1{}_4$	—	—	301 „	99 „	1,00	52°/₀	0°/₀	—	94°/₀
V_2	36	0	1	$2^1{}_2$	—	—	299 „	96 „		57°/₀	11°/₀	—	94°/₀
VI_1	37	0	2	2	—	—	263 „	86 „		—	—	—	94°/₀
VI_2	35	0	0	$1^7{}_2$	—	—	252 „	87 „		—	—	—	80°/₀
17	335	4	20	abzül. hierhch 16 Uebg	27	30	480 cm	118 cm					—

Singen. 7 St., und zwar je 1 St. für VI_1 und VI_2, V_1 und V_2, IV_1 und IV_2 und III^b, Uebung im Singen nach **Noten**, Choräle und Volkslieder, 2- und 3stimmig. 1 St. für III^a—I^a, 3stimmige Männergesänge. 3 St. für den Extrachor, 4stimmige Chorgesänge, die Glocke von Romberg. Grosse.

Zeichnen. 10 St., und zwar je 2 St. für VI_2, VI_1, V_2 und V_1 (obligatorisch), und 2 St. für die übrigen Classen (facultativ). Mit einfachen Ornamenten beginnend, zu ausgeführten mit Schatten fortführend, theilweise abwechselnd mit Landschaften und **Köpfen** nach **Vorlagen** (auch antiker Gegenstände). Gebhardt.

Schreiben. 5 St., und zwar 1 St. für VI_2: Vorübungen und die ersten Hefte von Henze; 1 St. für V_2: Die mittlern Hefte von Henze, das griechische Schreibeheft von Suckow und 1 St. für einige Schüler aus IV_1 und IV_2: Die letzten Hefte von Henze, das griechische Schreibheft von Suckow und Schnellschreibeübungen. König. 1 St. für VI_1 und 1 St. für V_1 (dasselbe wie in VI_2 und V_2). Bier.

Stenographie. (Gabelsbergers System.) Fortbildungscursus im Sommer. 1 St. Satzkürzungslehre. Lese- und Schreibübungen nach dem „Lesebuch zur Preisschrift". — Elementarcursus im Sommer und Winter. 2 St. Stenographische Schriftzeichen und deren Verbindung nach Krieg, Schreibehefte, I. Wortbildung, Wortkürzung, Grundzüge der Satzkürzung. Lese- und Schreibübungen nach dem „Lesebuch zur Preisschrift". Oppermann.

Themata zu den lateinischen Arbeiten.

A. In Oberprima. a) Im Sommerhalbjahr: 1. Infausta sorte factum esse, ut Octaviano Augusto pessimi saevissimique imperatores succederent, Caesarum qui usque ad a. LXVIII. p. Chr. n. fuerunt exemplis ostenditur. — 2. Qui fit, ut epistula ad Pisones, quae vocatur, legentium animos singulari delectatione perfundere soleat. — 3. Senecae illud 'non accepimus brevem vitam, sed facimus' quatenus verum esse videatur. — 4. Examenarbeit: Cleomenes, rex Lacedaemoniorum, devictis maximo proelio Argivis urbem eorum delere noluit, ne civibus suis eos virtutis decesset (Plut. apophth. Lac. VI. p. 836. R.). — b) Im Winterhalbjahr: 1. Recte Licinium Crassum apud Ciceronem in libro de oratore primo statuisse 'perfecti oratoris sapientia non solum ipsius dignitatem, sed et privatorum plurimorum et universae rei publicae salutem contineri' (Cic. de orat. I, 15). — 2. De vita mea narratio. 3. (Homerus) quid virtus et quid sapientia possit, Utile proposuit nobis exemplar Ulixen (Horat. ep. I, 2 v. 17—18). — 4. Mehrere Themata zur Auswahl. — 5. Nisi in quibus litterarum cultura vigeat, florere civitates non posse. — 6. Examenarbeit: Q. Horatio Flacco quae potissimum res in artis poeticae laude assequenda adiumento fuerint.

B. In Unterprima. a) Im Sommerhalbjahr: 1. Eloquentiae parens libertas. — 2. Quid debeas, o Romuleum genus, Octaviano testis Horatius. — 3. Vivere est militare. — b) Im Winterhalbjahr: 1. Pleni ac perfecti Romani imago ab Horatio sex primis tertii libri carminibus proposita. — 2. Bacchi munere veteres Graeci et Romani digniores quam nostrae aetatis homines. — 3. Legatus Athenas missus de Atheniensium rebus publicis inprimisque de Demosthene civitatem regente scribit ad Philippum, Macedonum regem. — 4. Examenarbeit: Uter maior, Philippus an Demosthenes?

C. In Obersecunda. a) Im Sommerhalbjahr: 1. Initio lib. XXI. num recte Livius indicare videatur de Hannibalis moribus et ingenio. — 2. Artabani oratio Xerxi bellum dissuadentis. — 3. Etiam adversus hostes Romanos justitiam servasse. — b) Im Winterhalbjahr: 1. Vita Achillis. 2. Antonii oratio in senatu habita XIII. Cal. Oct. a. 44. — 3. Examenarbeit: Quo jure Cicero Antonium in domesticum decus impure et intemperanter, in rempublicam impie ac nefarie se gessisse iudicet.

Themata zu den deutschen Arbeiten.

A. In Ober- und Unterprima. a) Im Sommerhalbjahr: 1. Adel ist auch in der sittlichen Welt. Gemeine Naturen Zahlen mit dem, was sie thun, edle mit dem, was sie sind (Schiller). 2. Wer früh erwirbt, lernt früh den hohen Werth Der hohlen Güter dieses Lebens schätzen. Wer früh geniesst, entbehrt in seinem Leben Mit Willen nicht, was er einmal besass. Und wer besitzt, der muss gerüstet sein (Goethe Tasso). — 3. Examenarbeit: Der Starke ist am mächtigsten allein (Schiller). — b) Im Winterhalbjahr: 1. Vergleichung der drei ersten Dramen Schillers. — 2. Der Kampf mit sich selbst der schwerste Kampf, der Sieg über sich selbst der schönste Sieg. 3. Examenarbeit. a) in Oberprima: „Zeigt sich der Glückliche mir, ich vergesse die Götter des Himmels, Aber sie stehen vor mir, wenn ich den Leidenden seh'". (Schiller). b) in Unterprima: Kritik des Wortes von Goethe: „Die Irrthümer des Menschen machen ihn eigentlich erst liebenswürdig".

B. In Obersecunda. a) Im Sommerhalbjahr: 1. Der Kampf Spartas mit Olynth nach Xenoph. Hellen. — 2. Worin bestanden die inneren Schwierigkeiten des ersten Kreuzzuges? — 3. Warum nimmt das Schicksal grosser Männer so oft einen tragischen Ausgang? — b) Im Winterhalbjahr: 1. Warum misslang den Staufen die Errichtung eines Weltreiches, die den Karolingern gelungen war? — 2. Die fremden Nationalcharaktere in Schillers Wallenstein. — 3. Die heidnischen Elemente im Nibelungenliede. — 4. Examenarbeit: Hagen von Tronje und Rüdiger von Bechlaren als Vertreter der Gefolgstreue. — Siegfried und Achilleus. Eine vergleichende Charakteristik (zur Auswahl).

C. In Untersecunda. a) Im Sommerhalbjahr: 1. Der Zusammenstoss Caesars mit den Germanen des Niederrheins nach Caesar. — 2. Die Verschwörung auf dem Rütli. — 3. Wilhelm Tell. Charakteristik. — b) Im Winterhalbjahr: 1. Alarich und Theodorich d. Grosse. Eine Parallele. — 2. Schillers Ballade „Der Handschuh" und ihre Quellen. — 3. Die Vorgeschichte von Lessings „Minna v. Barnhelm". — 4. Examenarbeit: Die Soldaten in Lessings „Minna von Barnhelm".

D. In Obertertia. a) Im Sommerhalbjahr: 1. Caesars Krieg mit den Usipetern und Tencteren. — 2. Die Bürgschaft. — 3. Der Wald im Frühling und Herbst. — 4. Meer und Wüste. — 5. Was habe ich aus dem Siegesfest Schillers über den trojanischen Krieg gelernt? — b) Im Winterhalbjahr: 1. Die deucalionische Fluth. — 2. Wie hängen die einzelnen Theile „der Glocke" mit einander zusammen? — 3. Gutta cavat lapidem. — 4. Mit des Geschickes Mächten ist kein ew'ger Bund zu flechten. — 5. Der jüngere Cyrus. — 6. Examenarbeit: Warum fühlen wir uns in der freien Natur gewöhnlich so frisch und fröhlich?

E. In Untertertia. a) Im Sommerhalbjahr: 1. Jahrmarktsleben. — 2. Dresdens Denkmäler. — 3. Auf der „alten" Brücke. — 4. Caesars Feldzug gegen die Britannier im Jahre 54 (nach Caes. b. g. V, 8—23). — 5. Examenarbeit: Lebensgeschichte eines Mastbaums. — b) Im Winterhalbjahr: 1. Welche Vortheile bietet das Reisen zu Fuss? — 2. Abdallah (nach Chamisso). — 3. Ueber die Spiele. — 4. a) Der Morgen auf dem Lande. b) Der Abend auf dem Lande (Auswahl). — 5. Der Angriff der Gallier auf Caesars Winterlager (Brief eines Centurionen), nach Caes. b. g. V, 38—51. — 6. Examenarbeit: Die Wohnung des Cantor Tamm in Stolp (nach Voss' „siebzigstem Geburtstag").

F. In Untertertia. a) Im Sommerhalbjahr: 1. Jahrmarktsleben. — 2. Züge aus dem Leben Maximilians I. (nach Gedichten von Anast. Grün). — 3. Auf der „alten" Brücke. — 4. Ver sacrum nach Uhland). — 5. Examenarbeit: Lebensgeschichte eines Mastbaums. — b) Im Winterhalbjahr: 1. Welche Vortheile gewährt das Reisen zu Fuss? — 2. Die Belagerung von Avaricum (Caes. b. g. VII, 11—31. — 3. Ueber die Spiele. — 4. a) Der Morgen auf dem Lande. b) Der Abend auf dem Lande (Auswahl). — 5. Die Vernichtung der Eburonen (Brief eines Centurionen), Caes. b. g. VI, 30—43. — 6. Examenarbeit: Die Wohnung des Cantor Tamm in Stolp (nach Voss' „siebzigstem Geburtstag").

G. In Quarta. a) Im Sommerhalbjahr: 1. Was die Menschen wohl noch entdecken und erfinden werden. — 2. Wie kann ein Knabe lernen, sich von der Gewitterfurcht zu befreien? (Disposition gegeben.) — 3. Aus den Erlebnissen eines Spazierstockes. — 4. Als meine Bücher einst in Streit gerietheu (Gespräch. — 5. a) Sitten und Gebräuche (Aberglaube). b) Durch welche äusseren Zeichen drücken die Thiere Hass, Furcht und Freude aus, und was haben alle Thiere dabei gemeinsam? — 6. Die Hökenfrau. — 7. Examenarbeit: Geistesgegenwart (durch Beispiele aus dem Leben belegt). — Für die Ungeübteren: Marcus Curtius. — 8. Liegt beim Fischbauer eine französische Kriegskasse vergraben? — b) Im Winterhalbjahr: 1 Ein Schmerzensschrei der Bäche und Flüsse der Jetztzeit. 2. Der Schwatzer, scherzhaftes Gespräch in zwei Scenen. Für die Ungeübteren: Abenteuer eines Locomotivenführers. — 3. Reichen Mannes echte Weihnachtsfreude. — 4. Als ein Fauler ein Ei geschenkt erhielt, fragte er: Ist es geschält? (In Form der Chrie, Stoff zum grossen Theil gegeben.) — 5. Die Vertreter der vier Temperamente in der Thier- und Menschenwelt. — 6. Der Fünfwettkampf in der geschlossenen Gymnastik. — 7. Wo und wie liesse ich mir ein Haus bauen? — 8. Welche Formen guter Sitte verlangt man von einem Knaben? — 9. Examenarbeit: Das Wetter und die Menschen. — Flüchtlinge, Züge aus dem Leben der Gegenwart (zur Auswahl).

H. In Quarta. a) Im Sommerhalbjahr: 1. Begrüssungsrede an die neuen Kameraden. — 2. Die Unterwerfung Mailands. — 3. Wandernde Künstler. — 4. Am Elbstrand. — 5. Auf die Berge! —

6. Rom und König Porsenna. — 6. Besuch auf dem Lande zur Erntezeit. — 8. Examenarbeit: Lob des Pferdes. — b) Im Winterhalbjahr: 1. Mein Held in der Geschichte. — 2. a) Drei Sprichwörter. b) Kleider machen Leute (zur Auswahl). — 3. Vertheidigungsrede des Stesagoras für seinen Bruder Miltiades. — 4. Wie vertreiben wir uns an unfreundlichen Wintertagen die Langeweile? — 5. Aus dem Tagebuche eines Soldaten. — 6. Vor fünfzig Jahren und heute. — 7. Die Feuersbrunst. — 8. Die Familie Muth. — 9. Examenarbeit: Das alte Haus.
I. In Quinta. a) Im Sommerhalbjahr: 1. Catharina von Schwarzburg. — 3. Schwerting der Sachsenherzog. — 3. Was ich werden will. — 4. Die Schlacht auf den catalaunischen Feldern. — 5. Pipin der Kurze. — 6. Schicksale eines Buches. — 7. Examenarbeit: Untergang des Vandalenreichs in Afrika. — b) Im Winterhalbjahr: 1. Mardonius' Zug gegen Griechenland, nach Weller. — 2. Zwei Stunden auf einem Dampfschiffe. — 3. Vorgethan und nachbedacht hat Manchen in gross Leid gebracht. — 4. Am Weihnachtstische. — 5. Anklage des diesjährigen Winters. — 6. Jahrmarkt. — 7. Roland Schildträger (nach Uhland). — 8. Examenarbeit: Konradin, der letzte Hohenstaufe.
K. In Quinta$_b$. a) Im Sommerhalbjahr: 1. Mailust. — 2. Im Wald, im Garten. — 3. Erlebnisse eines Samenkorns, von ihm selbst erzählt. — 4. Ein Räthsel (der Mastbaum). — 5. Lasst uns wandern! — 6. Mein Lieblingsthier. — 7. Examenarbeit: Auf dem Jahrmarkt. — b) Im Winterhalbjahr: 1. Beim Buchbinder. — 2. Die Litfasssäule. — 3. Die verkehrte Welt. — 4. Eine Feuersbrunst. — 5. Knecht Ruprecht. — 6. Erzählungen zu drei Sprichwörtern. — 7. Streit der deutschen Ströme. — 8. Examenarbeit: Was spielen wir?

3. Lehrapparat.

A. Schulbibliothek.

Unter Specialverwaltung des Oberlehrers Dr. Gerth.

An Geschenken sind im Schuljahr 1876—1877 eingegangen:

1. Vom K. Ministerium des Cultus und öff. Unterrichts: Luthers Vorlesungen über die Psalmen, herausg. v. Seidemann, 2 Bde. — 2. Von einem Ungenannten: Schütze, Evangelische Schulkunde, 3. Aufl. — Abhandlungen der K. S. Gesellschaft der Wissenschaften, philol.-histor. Klasse VII, 4. 5; mathem.-physik. Klasse X, 8. XI, 3—7. — Berichte über die Verhandlungen der K. S. Gesellschaft der Wissensch., philol.-hist. Kl. 1873 1875; mathem.-physik. Kl. 1874, I. II. 1875, I IV. 1876, I. II. — Acta Societatis Lipsiensis II VI. — Rheinisches Museum 27, 29, 30. Preisschriften der Jablonowskischen Gesellschaft 18 20. — 3. Von der Direction des Kgl. Polytechnikums zu Dresden: Katalog der Bibliothek des Polytechnikums. — 4. Vom Herrn Verfasser: Förstemann, Altdeutsches Namenbuch, II. — 5. Von Herrn Baron von Lauer-Münchhofen: Lindau, Geschichte der Stadt Dresden, 2 Bde. — Barths Reisen und Entdeckungen in Nord- und Centralafrika I. — 6. Von Herrn Fabrikbesitzer Leuschner in Limbach-Glauchau: Schenkl, Werth der Sprachvergleichung für die klassische Philologie. — Schenkl, Ueber die Zeusreligion. — Schönbach, Ueber die humoristische Prosa des 19. Jahrhunderts. — Frischauf, Elemente der Geometrie. — Frischauf, Einleitung in die analytische Geometrie. — Frischauf, Die geometrischen Constructionen von Mascheroni und Steiner. — Mach, Zwei populäre Vorträge über Optik. — Frischauf, Grundriss der theoretischen Astronomie. — Frischauf, Theorie der Bewegung der Himmelskörper um die Sonne. — Peters, Leitfaden zum ersten Anschauungsunterricht aus der allgemeinen Anorganographie (Mineralogie). Mach, Einleitung in die Helmholtzsche Musiktheorie. Mach, Zwei populäre Vorlesungen über musikalische Akustik. 7. Von dem Herrn Verfasser: Baumeyer, Künstliche Hübnerzucht.

Aus den etatmässigen Mitteln wurden angeschafft:
Dindorf, Lexicon Aeschyleum. Flach, Glossen und Scholien zur Hesiodischen Theogonie. — Cicero de finibus ed. Madvig. — Cicero Laelius ed. Seyffert, 2. Aufl. Merguet, Lexicon

zu Cicero's Reden, fasc. 10—15. — Claudian rec. Jeep. 1. — Plinii Secundi Medicina ed. Val. Rose. — Lucilius ed. Lachmann. — Taciti Agricola ed. Urlichs. Curtius, das Verbum der griech. Sprache II. — Schmidt, Synonymik der griech. Sprache I. — Draeger, Hist. Syntax der lat. Spr. II. — Fick, Vergleichendes Wörterbuch IV. — Cobet, Miscellanea critica. — Haupt, Opuscula II. III. Lachmann, kleinere Schriften II. — Lange, Römische Alterthümer I. 3. Aufl. — Marquardt, Römische Staatsverwaltung II. Bergk, Inschriften römischer Schleudergeschosse. — Bulle, Geschichte der neuesten Zeit, 2 Bde. Launitz, Wandtafeln 18. 19. — Arnd, Französische Revolution, 6 Bde. — Macaulay, Geschichte von England, übers. v. Bühau, 4 Bde. Weber, Allgem. Weltgeschichte XII. — Hehn, Culturpflanzen und Hausthiere, 2. Aufl. — Scriptores rerum German. Adami gesta Hammaburg. Allgemeine Deutsche Biographie Lieferg. 12—21. — Koechly, Gottfried Hermann. Peschel, Zeitalter der Entdeckungen, 2. Aufl. — Otte, Geschichte der deutschen Baukunst. Vischer, Aesthetik, 3 Bde. Schmid, Encyklopädie des Erziehungs- und Unterrichtswesens I. II, 1. Schrader, Erziehungs- und Unterrichtslehre, 2. Aufl. — Schwartz, Organismus d. Gymnasien. — Erler, Die Directorenconferenzen des preuss. Staates. — Grimm's Deutsches Wörterbuch IV. 1. Abth. 7, 8. 2. Abth. 9, 10. Lexer, Mittelhochdeutsches Handwörterbuch II, 14. 15. — Sachs, Encyklopädisches Deutsch-Franz. Wörterbuch Lieferg. 1—12. Lafaye, Dictionnaire des synonymes. — Nisard histoire de la littérature française. — Leunis, Synopsis II. III. — Seizinger, Bibliothekswissenschaft. — Meyer's Conversationslexicon I—X. — Acta societatis philologae Lipsiensis VI. Literarisches Centralblatt 1876. Curtius Studien IX. — Gesetz- und Verordnungsblatt 1876. Hermes XI. — Historische Zeitschrift 33—35. — Jahrbücher für Philologie und Pädagogik 113. 114. Supplem. VIII. — Jenaer Literaturzeitung 1876. Philologus 35. 36. — Rheinisches Museum 1876. Dresdner Adresshandbuch für 1876.

B. Schülerbibliothek.
Unter Specialverwaltung des Professors Dr. Richter II.

A. Geschenke.

Von Herrn Verlagsbuchhändler Ehlermann: Seinecke, deutsches Lesebuch für die unteren Klassen der höheren Lehranstalten; deutsches Lesebuch 2. Theil für die mittleren Klassen in höheren Töchterschulen, Kinderschatz, deutsches Lesebuch, 3 Theile; premières et secondes lectures françaises. Mager Leitfaden zur Geschichte der deutschen Literatur. — Blossoms from the English literature. Engl. Lesebuch für Mittelklassen. Springflowers from the English literature. Engl. Lesebuch für Unterklassen von Plate. Von Herrn Oberst von Meerheimb: „Poeten-Welt", von ihm selbst verfasst. Von Herrn Oberlehrer Stichler: 13. Jahrgang der von ihm redigirten Kinderlaube. — Von Herrn Buchhändler Böckner: Binder, Aufzeichnungen über Jugend-Lectüre I. Ungenannt: Grässe, Sagenschatz des Königreichs Sachsen. Von Herrn Dr. Dochn: Knortz, amerikanische Skizzen. Hopp, transatlantisches Skizzenbuch. Von dem Gymnasiast Rudolf Hubert: Dünger, Kinderlieder und Kinderspiele aus dem Vogtlande. Von dem Gymnasiast Alwin Rudel: Müller, das Buch der Pflanzenwelt.

B. Angekauft.

Lehndt, Entwurf eines nach Stufen geordneten Katalogs für die Schülerbibliotheken höherer Lehranstalten, besonders der Gymnasien.

Lateinische Gedichte aus dem 10. u. 11. Jahrh. ed. J. Grimm und Andr. Schmeller. Müllenhoff und Scherer, Denkmäler deutscher Poesie und Prosa. Der Rosengarten ed. W. Grimm. Deutsches Heldenbuch. Bde. Ecke und Dietleib. Laurin; Alpharts Tod, Dietrichs Flucht, Rabenschlacht, Ortnit und die Wolfdietriche, Dietrichs Abenteuer von Albrecht von Kemenaten. Simrock, das kleine Heldenbuch. Erzählungen und Schwänke aus dem Mittelalter ed. Lambel. Pfeiffer, deutsche Classiker des Mittelalters. Walther von der Vogelweide ed. Lachmann von Zingerle und Leonid von Seven ed. Wackernagel und Rieger. Parzival und Titurel übersetzt und erläutert von Simrock. Descensus Tempel des h. Gral. Sendschreiben von Karl Lachmann an J. Grimm über Reinhard Fuchs. Die deutsche Götterlehre. Nach J. Grimm von Wolf. — Schauspiele aus dem 16. Jahrh. (2 Theile); Dichtungen von Hans Sachs (3 Theile: geistliche und weltliche Gedichte; Spruchgedichte und dramatische Gedichte) aus: deutsche Classiker des 16. Jahrh. von Gödecke & Tittmann. — Opitz, ausgewählte Dichtungen; Fleming, Gedichte; v. Logau, Sinngedichte; Gryphius, dramatische Dichtungen; Weckherlin, Gedichte; Günther, Gedichte: deutsche Dichter des 17. Jahrh. von Goedeke & Tittmann. — Schleiermacher, Reden über die Religion; Seume, Spaziergang nach Syrakus; Hölty, Gedichte; Fichte, Reden an die deutsche Nation; Matthison, Gedichte; aus: deutsche Nationalliteratur des 18. und 19. Jahrh. — Justus Möser, patriotische Phantasien, 5 Bde (der letzte Band enthält kleinere Schriften). — Hebel, Schatzkästlein des rheinischen Hausfreundes. — Eberhard, Hannchen und die Küchlein. — Anastasius Grün, Gedichte. — Freiligrath, Gedichte. — Laube, die Karlsschüler. — Gutzkow, der Königslieutenant. — Freytag, die Fabier. — Kinkel, Otto der Schütz. — Julius Grosse, epische Dichtungen; Handel vom Königssee. — König René's Tochter von Hertz, übersetzt v. Bresemann. — Fritz Reuter, Läuschen und Rimels, 2 Bde. — Lieder zu Schutz und Trutz. Gaben deutscher Dichter aus der Zeit des Krieges 1870. Gesammelt und herausgegeben von Lipperheide. 4 Sammlungen in einem Bande; dasselbe: Auswahl für Volk und Heer. — Schleiermacher, Räthsel und Charaden. — Mises, Räthselbüchlein. — Niemeyer, deutsche Gedichte zur deutschen Sage und Geschichte. — Buch der Sachsen. Originalbuch der sächsischen Geschichte von Adolf Böttger. — Palleske, Schillers Leben und Werke, 2 Bde. — Herbst, Johann Heinrich Voss, 2 Bde. (2. Band 2 Abtheilungen). — Längin, Johann Peter Hebel. Ein Lebensbild. — L. Uhland's Leben. Aus dessen Nachlass und aus eigenen Erinnerungen von seiner Wittwe. — Freytag, Technik des Dramas. — Longfellow, der Sang von Hiawatha, übersetzt von Freiligrath. — Eberty, Walter Scott, ein Lebensbild, 2 Bde. — Tasso, das befreite Jerusalem, 2 Bde. — Manuel, Albert Bitzius (Jer. Gotthelf). Sein Leben und seine Schriften. — Simrock, die deutschen Volksbücher, 1. Band.

2. Karl Friedr. Becker, Weltgeschichte. Mit der Fortsetzung von Arnd. 22 Bde. — Curtius, griechische Geschichte, 3 Bde. — Mommsen, römische Geschichte, 3 Bde. — Freytag, Bilder aus der deutschen Vergangenheit (2. Exemplar vom 1. Bande). — Giesebrecht, Geschichte der deutschen Kaiserzeit, 4 Bde. — Häusser, Geschichte des Zeitalters der Reformation. — Häusser, Geschichte der französischen Revolution. — Beitzke, Geschichte der Freiheitskriege, 3 Bde. — v. Sybel, kleine historische Schriften, 2 Bde. Hilti, der französische Krieg von 1870/71. — Jäger, Geschichte der Griechen. — Jäger, Geschichte der Römer. — Dav. Müller, Geschichte des deutschen Volks. — Klopp, Geschichte und Charakterzüge der deutschen Kaiserzeit von 843 bis 1125. — Nöldecke, Leben Muhameds. — Schottmüller, Luther. Ein deutsches Heldenleben. — Kugler, Geschichte Friedrichs des Grossen. — Das Leben des Freiherrn vom Stein nach Pertz erzählt von W. Baur. — W. Baur, Ernst Moritz Arndt's Leben, Thaten und Meinungen. — Vilmar, Lebensbilder deutscher Dichter. — Otto Jahn, biographische Aufsätze. — Naumann, deutsche Tondichter von Sebast. Bach bis zur Gegenwart; italienische Tondichter von Palaestrina bis zur Gegenwart. — Poel, Johann Georg Hamann, der Magus im Norden, 2 Bde. — Goltz, Bogumil. Ein Jugendleben, 4 Bändchen. — Stacke, Erzählungen aus der Geschichte in biographischer Form: aus der römischen Geschichte, aus der griechischen Geschichte, aus der Geschichte des Mittelalters, aus der neueren Geschichte.

3. Die Entdeckung von Amerika von Campe ed. Pfaff. — Uhlemann, 3 Tage in Memphis. Sigismund Rüstig, der Bremer Steuermann, ein neuer Robinson nach Capitän Marryat. — Schwarz, aus dem Osten. Reisebriefe aus Ungarn, Siebenbürgen, der Wallachei, der Türkei und Kleinasien. Horn, der Rhein. Geschichte und Sagen seiner Burgen, Abteien, Klöster und Städte. — v. Löher, griechische Küstenfahrten; nach den canarischen Inseln. Canarische Reisetage. — Werner, Seebilder. Johansen, Halligenbuch. Eine untergehende Inselwelt. — Schwerdt, Ferienreise im Thüringer Walde. — Dielitz, Wanderungen; Völkergemälde und Landschaftsbilder; Land- und Seebilder für die Jugend bearbeitet. — Andrae, Abessinien.

4. Bernstein, naturwissenschaftliche Volksbücher, 21 Bändchen. Gressler, Naturgeschichte für Kinder. 1. der in Deutschland einheimischen Thiere; 2. der merkwürdigsten fremden Thiere; 3. des Pflanzen- und Mineralreichs.

5. Becker, Gallus oder römische Scenen aus der Zeit Augusts, 3 Bde. — Rumpel, kleine Propyläen. — Rich, illustrirtes Wörterbuch der römischen Alterthümer, übersetzt von Müller. — Griechische Heroengeschichten von B. G. Niebuhr seinem Sohn erzählt. — Bässler, hellenischer Heldensaal oder Geschichte der Griechen in Lebensbeschreibungen nach den Darstellungen der Alten. Hertzberg, der Feldzug der 10,000 Griechen; die asiatischen Feldzüge Alexander des Grossen, 2 Bde. — Lesebuch aus Homer von Willmann. - Geschichten aus dem Herodot. Lesebuch von Lange. — Geschichten aus Livius mit Ergänzungen aus griechischen Schriftstellern bearbeitet von Goldschmidt. Lamey, Plutarchs vergleichende Lebensbeschreibungen in einer Auswahl für die Jugend. - Becker, Erzählungen aus der alten Welt (2. Exemplar). — Kapp, die Heimfahrt des Odysseus, für die Jugend erzählt.

6. Görling, Geschichte der Malerei von den frühesten Kunstanfängen bis zur Blüte der Künste, 2 Bde. — Lübke, Geschichte der Architektur von den ältesten Zeiten bis zur Gegenwart. — Ruete, über die Existenz der Seele vom naturwissenschaftlichen Standpunkt.

7. Ebers, Uarda. Roman aus dem alten Egypten, 3 Bde. — Freytag, die Ahnen, 4. Bd.: Marcus König. Felix Dahn, ein Kampf um Rom, 4 Bde. — Auerbach, Schatzkästlein des Gevattermanns; neue Dorfgeschichten: 1. des Lorles Reinhard; 2. der Tolpatsch aus Amerika; 3. das Nest an der Bahn. — Eichendorff, aus dem Leben eines Taugenichts. — de la Motte Fouqué, der Zauberring; Undine. — Dunger, Rundas und Reimsprüche aus dem Vogtlande. — Victor v. Strauss, Novellen, 3 Bde. — Hans Tharau, Novellen, 4 Bde. — Bungener, drei Predigten unter Ludwig XV. oder Priester und Hugenott. Aus dem Französischen. — W. Scott, zweites Exemplar von Ivanhoe; Quentin Durward; Talisman; Kenilworth (übersetzt von König). — Derselbe: sämmtliche Werke übersetzt von Herrmann, Richter, Susemihl, Andrä u. s. w. Wawerley; das Kloster; der Abt; Quentin Durward; Guy Mannering; Kenilworth; der Alterthümler; der Kerker von Edinburg; die Schwärmer; Ivanhoe; Woodstock; Peveril vom Gipfel. — Bulwer, was wird er damit machen? 2 Bde; der letzte der Barone, 2 Bde. — Cooper, amerikanische Romane, neu aus dem Englischen übertragen: der letzte Mohikaner; der Pfadfinder oder das Binnenmeer; ein Ansiedler an den Quellen des Susquehannah; die Prairie; der Lootse; der Spion; Lionel Lincoln oder die Belagerung von Boston; die Beweinte von Wish-Ton-Wish. — Manzoni, die Verlobten, 2 Bde. — Lambs Erzählungen nach Shakespeare. Vorschule dieses Dichters nebst einer Lebensgeschichte Shakespeare's. — David Elginbrod von G. M Donald aus dem Englischen von Sutter. — Kalewipoeg, Eine esthnische Sage, frei bearb. von Israel. — Zschocke, Addrich im Moos; der Freihof von Aarau. — Horn, Friedel Glaubrecht, die Heimathlosen. Salomon, die Geschichte einer Geige. — Zingerle, der Bauer von Longvall. — Bechstein, neues deutsches Märchenbuch. — Bässler, Heldengeschichten des Mittelalters, ihren Sängern nacherzählt. Neue Folge. 1. Der gute Gerhard. 2. Kleeblatt kurzweiliger Erzählungen aus alter Zeit: Zwerg Laurin; der arme Heinrich; Kaiser Otto mit dem Barte. 3. Beowulf; Wieland der Schmied; die Ravennaschlacht. - Rensch, die nordischen Göttersagen einfach erzählt. — Ferd. Schmidt, Reineke Fuchs (2. Exemplar); der dreissigjährige Krieg in 4 Erzählungen, 2 Bde. — Kletke, das Buch vom Rübezahl. Rob. Reinick, Märchen-, Lieder- und Geschichtenbuch. Scherer, Räthselbüchlein für Kinder. Robinson Crusoe von Gräbner. — Theodor Körner. Ein Dichter und Heldenleben von H. Smidt. Schillers Jugendjahre von Springer. Wackernagel, deutsches Lesebuch I. Gerstäcker, wie der Christbaum entstand. — Das Märchen vom Thomas Pfefferkuchen, von Elise Püttner. — Die Wurzelprinzessin. Kindermärchen nach Reinick Märchen vom gestiefelten Kater. Illustrirt und der Jugend erzählt von Speckter. Karl Charnhorst, Abenteuer eines deutschen Knaben in Amerika. — Franz Hoffmann, Zeit ist Geld; Reue, Eltern Vater und Mutter; der blinde Knabe; der kleine Robinson; der Henkeldukaten; frisches Wagen, der Schiffsknecht; der Tugenden Vergeltung; der verlorene Sohn; selig sind die Barmherzigen; Fried und Nazi; Capitän Oheim und Neffe; der Vogelhändler; Prüfungen; die Waisen; die Geschichte

vom Tell; heute mir morgen dir. — Höcker, ein treuer Freund ist ein starker Schutz.   Nieritz, der Bettelvetter; die Schwanenjungfrau. — Oswald, Hausmütterchen. — Schupp, der blinde Zeuge; am Zambesi; der Hexenmüller in der Wisper.   Oertel, Heinrich I. — Otto, das Buch vom alten Fritz.

8. Toepffer: Nouvelles genévoises. — A. de Vigny: Servitude et grandeur militaires; Cinq-Mars. — Erckmann-Chatrian: Waterloo; Histoire d'un conscrit de 1813. — Jules Sandeau: Mademoiselle de la Seiglière. — Madame de Staël: de l'Allemagne. — Octave Feuillet: le Roman d'un jeune homme pauvre. — Alexandre Dumas: les trois mousquetaires, 2 vol. — Victor Hugo: Notre Dame de Paris, 2 vol.

Washington Irving: The Sketch-book. — B. Disraeli: Vivian Grey, two vol. — Dickens: Nicholas Nickleby, two vol.; Oliver Twist. — W. Scott: Guy Mannering; Ivanhoe. Bulwer: Ernest Maltravers; Eugene Aram. — John Halifax, Gentleman, two vol.

C. Physikalisches Cabinet.
Unter Specialverwaltung des Oberlehrers Dr. Baumgarten.

Aus den dem physikalischen Cabinet überwiesenen Mitteln wurden angeschafft:

Apparat für den Foucault'schen Pendelversuch. — Skioptikon. Grosse Zungenpfeife mit Resonatoren. Handwage. Ausserdem wurde eine Reihe kleinerer Apparate für Mechanik und Akustik angefertigt.

An Geschenken erhielt die Sammlung:

1. vom Oberlehrer Dr. Baumgarten eine Wasserstrahlpumpe nach Arzberger-Zulkowsky's Construction. — 2. von dem Vater zweier unserer Schüler, Herrn Moritz Baumgarten in Wien: Apparat zur Demonstration des Kräfteparallelogramms. — 3. von einem früheren Schüler der Anstalt 120 M

D. Naturhistorische Sammlungen.
Unter Specialverwaltung des Oberlehrers Dr. Hoffmann.

Die naturhistorischen Sammlungen erhielten im verflossenen Jahre folgende Schenkungen:

1. von Herrn Fabrikanten Kiesel 4 Gläser, enthaltend die Stassfurter Salzarten. — 2. von Herrn Pastor Guido Müller in Gröbern einen prächtigen Leucitcrystall und ein Stück Libigit. — 3. von Herrn Kunstgärtner Schwarz 3 Schildkröteneier. — 4 vom Primaner Manitius eine Ringelnatter und eine Partie Schmetterlinge. — 5. vom Untersecundaner Stichler Gypsspath, einen Fischabdruck und versteinertes Holz. — 6. vom Quintaner Zörner eine Kupfernatter. — 7. vom Quintaner Lange eine Seeschwalbe und einen Wiedehopf.

Angekauft wurden folgende Objecte:

1. ein Kehlkopfmodell. — 2. eine Fischotter. — 3. ein Faulthier. — 4. ein Uhu. — 5. ein Pinguin und mehrere Insectenkästen.

E. Lehrmittel für den geschichtlichen und geographischen Unterricht.
Unter Specialaufsicht des Oberlehrers Dr. Leipoldt.

Angekauft wurden:

Arendts, Wandkarten von Italien, Spanien und Portugal, Frankreich und der Schweiz.

F. Turnapparat.

Unter Specialaufsicht des Oberturnlehrers Bier.

Im Herbste 1876 wurde die Turnhalle mit Doppelfenstern und einem grossen Thürvorhange von Jute ausgestattet und erhielt dadurch eine in gesundheitlicher Hinsicht wesentliche Verbesserung.

G. Musikalische Lehrmittel.

Unter Specialaufsicht des Musiklehrers Grosse.

Angekauft wurden in diesem Jahre:

Schulchöre von Kotzolt, Heft 3 u. 4, P. u. St. — Chor aus Paulus: „Wie lieblich sind die Boten" von Mendelssohn, St. — Die Glocke von Romberg, Klavierauszug u. St.

H. Lehrmittel für den Zeichenunterricht.

Unter Specialaufsicht des Zeichenlehrers Gebhardt.

Angekauft wurden:

10 Hefte Ornamente von Meichelt und Taubinger.

I. Schülercötus.

Bei Abschluss des vorigen Programms (20. März 1876) belief sich die Frequenz der Anstalt auf 246 Schüler, von denen Ostern 1876 5 Abiturienten (vor. Prog. p. 71) und 10 andere Schüler abgiengen, nämlich der Obersecundaner Reinhard Schwarz (Buchhändler), der Untersecundaner Johannes Völcker (Handelsschule zu Dresden), die Untertertianer Johannes Kessinger (Fürstenschule Meissen) und Fedor Lampe (Königl. Cadettencorps), die Quartaner Arthur Wünsche (Erziehungsanstalt zu Gumperda und Max Leuthold (Königl. Cadettencorps), die Quintaner Alfred Vogel (Droguist), Robert Bressler (Kreuzschule) und Paul Einert (Privaterziehungsanstalt) und der Sextaner Otto Zacharias (unbestimmt). Zu den verbleibenden 231 wurden Ostern 1876 106 Schüler (nachstehend mit (8) bezeichnet) aufgenommen. Frequenz nach Ostern: 337. Hiervon giengen im Sommerhalbjahr 1876 9 Schüler ab, nämlich die Obersecundaner Hubert Hervey (Universität Cambridge) und Arthur Esche (S Privatunterricht), die Untertertianer Johannes Taschek (Neustädter Realschule), Heinrich Zikes (Schottengymnasium zu Wien) und Johannes Günther-Schneider (S unbestimmt), die Quartaner Bernhard Herzog (zur deutschen Flotte) und Paul Zinner (Königl. Kunstgewerbeschule zu Dresden), der Quintaner Wolfram Martinsen (S dimittiert, unbestimmt) und der Sextaner Erno Schulhof (Realschule zu Pest). Zu den verbleibenden 328 wurden Michaelis 1876 (bez. etwas später) 10 Schüler aufgenommen, nachstehend mit (M) bezeichnet. Frequenz im Winterhalbjahr 1876/7: 338. Von diesen giengen während des Wintersemesters 3 Schüler ab, nachstehend mit bezeichnet, der Obersecundaner Baldnin Reiche-Eisenstock (dimittiert, Buchhändler), der Untertertianer Hans Heinz (dimittiert, unbestimmt) und der Sextaner Aloys Müller (Bürgerschule). Gegenwärtige Frequenz der **Anstalt** (Mitte März 1877):

Verzeichniss der Schüler des Gymnasiums
während des Winterhalbjahres 1876/77.

Nr.	Name.	Geburtsort.	Stand des Vaters.
	Oberprima.		
1	Weiss, Felix.	Lockwitz.	Pfarrer.
2	Klemm, Gustav.	Dresden.	Bergingenieur †.
3	Schwarzenberg, Adolf.	Memleben.	Förster.
4	Manitius, Max.	Dresden.	Hofrath.
5	v. Brandenstein, Leo.	Dresden.	Major z. D.
6	Kirchbach, Wolfgang.	London.	Professor †.
7	Erdmann, Carl.	Dresden.	Kais. Russ. Rath u. Stabsarzt a. D.
8	Eldermann, Erich.	Hannover.	Verlagsbuchhändler in Dresden.
9	Crusius, Max (S).	Dresden.	Apotheker.
	Unterprima.		
10	Machold, Otto.	Dresden.	Oberlehrer.
11	v. Drygalski, Hans.	Ratibor.	Geh. Regierungsrath u. Major a. D. zu Dresden.
12	Hänel, Friedrich.	Stuttgart.	Professor am Polytechnikum.
13	v. Seydlitz, Georg.	Schneeberg.	Generalmajor z. D. in Dresden.
14	Baumbach, Bernhard.	Altenburg.	K. Pr. Major z. D. u. Adjutant des Herzogs zu Altenburg.
15	Bierling, Robert.	Breslau.	Privatus in Dresden.
16	Paech, Waldemar.	Läsgen b. Frankfurt a. O.	Rittergutsbesitzer †.
17	Lhotzky, Heinrich.	Clausnitz b. Mittweida.	Pfarrer †.
18	Haymann, Ferdinand.	Tanneberg b. Nossen.	Pfarrer in Naustadt.
19	Hänichen, Ludwig.	Dresden.	Schuldirector em.
20	Schlitte, Max.	Bernburg.	Gerichtsrath †.
21	Felix, Johannes.	Leipzig.	Kaufmann.
22	Leonhardi, Günther (W).	Wilsdruff.	Gerichtsamtmann a. D. in Dresden.
	Obersecunda.		
23	Ilberg, Johannes.	Magdeburg.	Rector des K. Gymnasiums zu Dresden.
24	Buchwald, Georg.	Grossenhain.	Fabrikbesitzer.
25	Jani, Curt.	Jahnsdorf b. Liegnitz.	Privatus in Dresden.
26	Ostermayer, Fritz.	Nürnberg.	Kaufmann.
27	Galle, Paul.	Dresden.	Telegraphendirector †.
28	Holfelder, Carl.	Quedlinburg.	K. Pr. Regierungsrath †.
29	Baumgarten, Paul.	Pest.	Gutsbesitzer in Wien.
30	Judeich, Walther.	Dresden.	Kreissteuerrath †.
31	Schröder, Wilhelm.	Tarnau b. Glogau.	Rittergutsbesitzer in Dresden.
32	Stübing, Carl.	Zittau.	Kaufmann in Dresden.
33	Schubert, Conrad.	Pirna.	Diaconus em. in Dresden.
34	Richter, Oswald (S).	Dresden.	Polizeiregistrator †.
35	Merz, Constantin (S).	Wohlbach.	Pastor in Burkhardtswalde.

Nr.	Name.	Geburtsort.	Stand des Vaters.
36	Schweitzer, Egmont.	Greiz.	Kaufmann.
37	Bautzmann, Moritz.	Annaberg.	Schichtmeister †.
38	Hamaun, Otto.	Leipzig.	Major †.
39	Reinbrecht, Hermann.	Lauchhammer.	Eisenwerksdirector †.
40	*Reiche-Eisenstuck, Balduin.	Annaberg.	Staatsanwalt in Dresden.
41	Holfelder, Georg.	Quedlinburg.	K. Pr. Regierungsrath †.
42	Kockel, Adolf (S).	Nossen.	Geh. Schulrath in Dresden.
43	Hubert, Arthur (S).	Plauen.	Chausseeinspector.
44	Müller, Johannes.	Berlin.	Redacteur in Dresden.

Untersecunda.

45	Taube, Walther.	Borna.	Geh. Justizrath in Dresden.
46	Klinkhardt, Theodor.	Adorf.	Bezirkssteuerinspector †.
47	Felix, Walther (S).	Leipzig.	Buchhändler †.
48	Heinsius, Max.	Schönheide b. Eibenstock.	Postdirector in Colditz.
49	Stiehler, Heinrich.	Dresden.	Oberlehrer.
50	Mehlhose, Paul.	Grimma.	Director am Frauenschutz zu Dresden.
51	Voit, Walther.	Tharandt.	Bauunternehmer in Marienberg.
52	Warneck, Alfred.	Freiberg.	Gerichtsrath in Dresden.
53	Rossberg, Moritz.	Dresden.	Regierungsrath im Gesammtministerium.
54	Cuny, Georg.	Möhlingen b. Magdeburg.	Rentier in Dresden.
55	Baumgarten, Fritz.	Pest.	Gutsbesitzer in Wien.
56	Hanel, Walther.	Meissen.	Advocat in Dresden.
57	Reyher, Heinrich.	Chemnitz.	Oberstlieutenant in Dresden.
58	Zimmer, Oskar.	Lausigk.	Oberstabsarzt in Dresden.
59	Schomburg, Oskar.	Wiche.	Arzt in Dresden.
60	Scheuffler, Erich.	Meissen.	Advocat und Gerichtsdirector.
61	Meier, Gustav.	Bromberg.	Schlossermeister.
62	v. Wissmann, Hermann.	München-Gladbach.	Landrath a. D. u. Rittergutsbesitzer in Hofstädt bei Deutsch-Crone.
63	v. Bonin, Günther.	Radeburg.	Advocat †.
64	v. Uechtritz Wiedebach, Fritz.	Heitzsch b. Guben.	Oberst a. D. in Dresden.
65	v. Korowski, Alfons.	Berlin.	Gutsbesitzer †.
66	Schwarz, Heinrich (S).	Crossen a. O.	Kaufmann in Dresden.
67	Meltzer, Richard (S).	Dippoldiswalde.	Bezirksstrassenmeister.
68	Schubert, Carl (W).	Dresden.	Lehrer.
69	Klette, Hans (W).	Dresden.	Hauptmann †.
70	Lauschke, Georg (W).	Bautzen.	Zeichenlehrer.
71	Thomas, Walther (W).	Oppach.	Pfarrer em. in Dresden.

Obertertia.

72	Baumeyer, Franz.	Dresden.	Privatus.
73	Reinbrecht, Walther.	Lauchhammer.	Eisenwerksdirector †.

Nr.	Name.	Geburtsort.	Stand des Vaters.
74	Hauffe, Carl.	Löbau.	Gutsbesitzer.
75	v. Brandenstein, Hans.	Lengefeld i. Erzgebirge.	Oberförster in Hubertusburg.
76	Bernstein, Rudolf.	Dresden.	Buchbinder in Loschwitz.
77	Bessler, Carl.	Siebenlehn.	Seifensiedermeister in Dresden.
78	v. Schweingel, Curt.	Dresden.	Oberstlieutenant im K. Generalstab.
79	Pistorius, Gerhard.	Neussen b. Belgern.	Pastor †.
80	Reinbrecht, Arnold.	Lauchhammer.	Eisenwerksdirector †.
81	Lobe, Adolf.	Pegau.	Gerichtsamtmann in Hainichen.
82	Zehme, Gerhard.	Lengefeld i. Erzgebirge.	Pastor in Briesnitz.
83	v. Nabell, Johann.	Granica in Polen.	Kais. Russ. Hofrath †.
84	Brand, Alexander.	Dresden.	Dr. med.
85	Grossmann, Paul.	Bischofswerda.	Tuchfabrikant †.
86	Hamann, Walther.	Annaberg.	Postmeister a. D. in Dresden.
87	Donath, Paul.	Tharandt.	Seifensiedermeister.
88	Grosse, Paul.	Dresden.	Lehrer.
89	Ilberg, Georg.	Weimar.	Rector des K.Gymnasiums zu Dresden.
90	Anton, Ludwig.	Borna.	Geh. Justizrath in Dresden.
91	Piering, Oskar.	Carolinenthal b. Prag.	Fabrikant.
92	Stübing, Franz.	Zittau.	Kaufmann in Dresden.
93	Schwarz, Alfred.	Dresden.	Kunstgärtner.
94	v. Egidy, Curt.	Borna.	Oberst a. D. in Dresden.
95	Klemm, Johannes.	Grosshennersdorf.	Pastor in Gottleuba.
96	Lange, Paul.	Reichenau.	Fabrikbesitzer.
97	Tetzner, Johannes.	Rotenhaus in Böhmen.	Fabrikant.
98	Förstemann, Ernst.	Wernigerode.	Hofrath und Oberbibliothekar in Dresden.
99	Brand, Rudolf.	Dresden.	Dr. med.
100	Niemann, Oskar.	Hannover.	K. Hofopernsänger in Berlin.

Untertertia.

101	Weber, Robert.	Wünschendorf.	Fabrikant.
102	Mehlhose, Philipp.	Dresden.	Director im Frauenschutz.
103	Hänichen, Max.	Dresden.	Schuldirector em.
104	Hänichen, Paul.	Dresden.	
105	Lenk, Otto.	Kötzschenbroda.	Dr. med. in Niederlössnitz.
106	Büttner, Otto.	Pirna.	Bäckermeister.
107	v. Lauer-Münchholen, Max.	Dresden.	Privatus.
108	Schmackenberg, Friedrich.	Blackburn in England.	Privatlehrer in Dresden.
109	Hockner, Bernh.	Dresden.	Buchhändler.
110	Schaarschmidt, Paul (S).	Limnitz.	Rittergutsbesitzer in Travelsdorf.
111	*Heinz, Hans.	Dresden.	Werkführer.
112	Hänel, Arthur.	Stuttgart.	Professor am Polytechnikum.
113	Schneider, Otto.	Glashütte.	Uhrenfabrikant u. Bürgermeister.
114	Wagner, Theodor.	Dohna.	Baumeister in Heidenau.
115	Knöfel, Hermann.	Zittau.	Wagenbauer †.
116	Weber, Alexander.	Dresden.	Kaufmann.

Nr.	Name.	Geburtsort.	Stand des Vaters.
117	v. Lindeman, Ernst.	Dresden.	Major a. D.
118	Stechmann, Max (S.	Lychen i. d. Uckermark.	Apotheker in Halberstadt.
119	Grössel, Martin.	Neukirch a. Hochwald.	Pastor in Ebersbach b. Radeberg
120	Reyher, Curt.	Marienberg.	Oberstlieutenant in Dresden

Untertertia 2.

121	Schmidt, Richard.	Dresden.	Calculator †.
122	Spitzner, Reinhard.	Dresden.	Dr. med.
123	Thieme, Carl.	Spremberg b. Neusalza.	Pastor †.
124	Kohl, William.	Elster.	Dr. med †.
125	v. Schwerin, Curt.	Schrimm.	Major z. D. in Dresden.
126	Saling, Paul.	Berlin.	Kaufmann in Dresden.
127	v. Uckro, Paul (W.	Pitschen.	Rittergutsbesitzer in Uckro.
128	Schulze, Arthur.	Dresden.	Schmied.
129	Zillinger, Hermann.	Minden.	Musikdirector u. Oberlehrer †.
130	v. Hassell, William.	Hannover.	Major a. D. in Dresden.
131	Gansauge, Arthur.	Oberjahna.	Gutsbesitzer.
132	Blochmann, Carl	Lancy b. Genf.	Superintendent in Pirna.
133	Uhlemann, Arndt.	Görlitz b. Mügeln.	Rittergutsbesitzer.
134	Messner, Walther.	Jehserigk b. Cottbus.	Gutsbesitzer †.
135	Voit, Carl.	Tharandt.	Bauunternehmer in Marienberg.
136	Merkel, Andreas	Chemnitz.	Privatus in Dresden.
137	Seidel, Walther.	Dresden.	Fabrikbesitzer †.
138	Wauer, Erhard S.	Pulsnitz.	Ger.-Amts-Registrator in Dresden.
139	Sommer, Fritz.	Frankfurt a. O.	Dr. med. †.

Quarta 1.

140	v. Seydlitz-Drzewiecki, Hans	Dresden.	Major, mit Führung d. Garde-Reiter-Regiments beauftragt
141	Borkner, Hans.	Dresden.	Kaufmann †.
142	Pfretzschner, Paul	Dresden.	Musikdirector.
143	Charles, Otto.	Dresden.	Buchhalter.
144	Kluge, Udo.	Steinichtwolmsdorf.	Obergrenzcontroleur in Königstein.
145	Reichenbach, Hermann	Dresden.	Oberlehrer em.
146	Hoffner, Curt	Chemnitz.	Postsecretär in Dresden.
147	Röder, Ernst	Kleinschweidnitz.	Pachter †.
148	Uhle, Otto	Riesa	Kaufmann.
149	Grossmann, Richard.	Bischofswerda.	Tuchfabrikbesitzer.
150	Grunewald, Eduard	Lindenau.	Dr. med. in Moritzburg.
151	Niethammer, Conrad S.	Kriebstein.	Fabrikbesitzer.
152	Götze, Rudolf S.	Glauchau	Kaufmann
153	v. Stieglitz, Robert	Dresden	Generallieutenant a. D.
154	v. Gottschalck, Richard	Borna	Diaconsauditeur in Dresden
155	Gottschalck, Alban	Borna	
156	Leupner, Otto S	Glauchau	Rittergut- u. Fabrikbesitzer
157	Menke, Henning	Neukersdorf	Rittergutsbesitzer in Dresden

Nr.	Name.	Geburtsort.	Stand des Vaters.
158	Graf v. Rothenburg, Wilh.	Schönbühl i. d. Schweiz.	Fürst v. Hohenzollern-Hechingen.
159	Graner, Carl.	Werdau.	Kaufmann in Wien.
160	Perthen, Franz.	Dresden.	Bezirksschulinspector in Auerbach.
161	Perthen, Reinhold.	Dresden.	
162	Schöneke, Friedrich.	Strawalde.	Superintendent in Oschatz.
163	Witte, Hans (S).	Löbau.	Buchdruckereibesitzer.
164	Richter, Johannes.	Riesa.	Pastor in Leutewitz b. Riesa.
165	Hösemann, Arthur.	Geising.	Cantor em.
166	Behrisch, Heinrich.	Dresden.	Anstaltsdirector in Hohensteck.

Quarta₂.

167	Hubert, Rudolf.	Dresden.	Stabsarzt †.
168	Hetzler, Moritz.	Dresden.	Kaufmann.
169	Hanrich, Paul.	Gastewitz.	Gutsbesitzer.
170	Schindler, Otto.	Kamenz.	Reg.-Ger.-Controleur in Dresden.
171	Lohse, Arthur.	Dresden.	Schmiedemeister.
172	Schreiner, Alfred S.	Dresden.	Finanzrath in Löbau.
173	Nötzel, Curt.	Dresden.	Privatus.
174	Voigt, Friedrich.	Leipzig.	Redacteur in Berlin.
175	Trinks, Heinrich.	Neustadt b. Stolpen.	Privatus.
176	Meinhold, Eberhard.	Schweinsburg.	Rittergutsbesitzer.
177	Döhn, Erich.	St. Louis.	Schriftsteller in Dresden.
178	Hünersdorf, Rudolf S.	Heinrichsort.	Pfarrer in Leuben b. Dresden.
179	Richter, August.	Bautzen.	Gendarm in Dresden.
180	Pöhlmann, Max.	Dresden.	Calculator im Justizministerium.
181	Fröhlich, Friedrich.	Lichtenstein.	Bürgermeister u. Advocat.
182	Fröhlich, Carl.	Dresden.	Pastor u. Rector d. Diaconissenanstalt.
183	Anger, Martin.	Mausitz b. Eythra.	Rittergutsbesitzer.
184	Epstein, Gottfried.	Riesa.	Lehrer in Cotta.
185	Hoch, Matthias.	Dresden.	Oberst z. D.
186	Adam, Richard S.	Sebnitz.	Fabrikdirector.
187	Uhlemann, Curt.	Görlitz b. Mügeln.	Rittergutsbesitzer.
188	Michauk, Paul.	Dresden.	Oberstabsarzt a. D.
189	Gröbel, Georg.	Radeberg.	Gerichtsamtmann.
190	Rasche, Max.	Radeberg.	Stadtkämmerer †.
191	Siebdrat, Theodor.	Muldener Hütten.	Dampfkesselinspector in Dresden.
192	Klingsohr, Armin S.	Dresden.	Kirchner.

Quinta₁.

193	Köhler, Otto.	Eutschütz.	Müller.
194	Scheller, Robert.	Dresden.	Fabrikbesitzer.
195	Jahn, Georg (S).	Taltitz.	Rittergutsbesitzer.
196	Hänel, Arthur.	Dresden.	Advocat.
197	Treutsch v. Buttlar, Curt.	Moskau.	Dr. med. in Dresden.
198	Eisner, Hans (S).	Polsnitz.	Advocat.
199	Fischer, Curt.	Auerbach i. V.	Anstaltsinspector in Dresden.

Nr.	Name.	Geburtsort.	Stand des Vaters.
200	Zapf, Friedrich.	Dresden.	Baumeister.
201	Uhlemann, Arthur.	Schneeberg.	Oberstabsarzt z. D. in Dresden.
202	Siebdrat, Hermann.	Mühlener Hütten.	Dampfkesselinspector in Dresden.
203	Wittig, Bernhard.	Radeberg.	Proviantamtscontroleur in Dresden.
204	Elliesen, Curt.	Löberitz.	Rittergutsbesitzer in Dresden.
205	v. Seydlitz, Werner.	Schneeberg.	Generalmajor z. D. in Dresden.
206	Schmitz-Dumont, Georg.	Los Angeles in Californien.	Rentier in Dresden.
207	Kegel, Arthur.	Dresden.	Schuldirector †.
208	Vogel, Otto.	Dresden.	Kammermusikus.
209	Hauschild, Max.	Dresden.	Postbeamter.
210	Döhn, Bruno.	Dresden.	Schriftsteller.
211	Schmitz-Dumont, Winni.	Los Angeles in Californien.	Rentier in Dresden.
212	Leonhardi, Arthur S.	Dresden.	Arzt.
213	Herrmann, Max.	Wilschdf.	Gutsbesitzer.
214	de Lasalle, Ludwig.	Naumburg a. S.	Fabrikant †.
215	Röhle, Martin.	Lausa.	Pastor.
216	v. Sahr, Gustav.	Döbschke b. Bautzen.	Rittergutsbesitzer.
217	de Lasalle, Alfons.	Naumburg a. S.	Fabrikant †.
218	Ahrendts, Heinrich S.	Ilsenburg.	Pastor em. in Niederlössnitz.
219	Manitius, Georg S.	Gröbern.	Inspector in Dresden.
220	Schöpff, Carl S.	Plauen i. V.	Pfarrer in Grossröhrsdorf.
221	Knäbich, Hermann S.	Meissen.	Baumeister in Dresden.
222	Fiedler, Conrad S.	Dresden.	Ministerialsecretär.
223	Streuber, Louis S.	Dresden.	Schneidermeister.
224	Kremmler, Richard.	Dresden.	Kaufmann.
225	Schurig, Johannes S.	Dresden.	Oberstlieutenant.
226	Zetzsche, Arthur W.	Siebenlehn.	Kaufmann.
227	Rödenbeck, Alexander S.	Düben.	Hauptmann †.
228	Böttcher, Otto S.	Eickerhöfe b. Wittenberge.	Rentier in Dresden.
229	Nordmann, Curt S.	Dresden.	Rentier.

Quinta.

230	Schulze, Max.	Dresden.	Auctionator.
231	Kahlsberg, Alexander	Döbeln.	Apotheker in Dresden.
232	Müller, Hermann	Ortrand.	Privatus in Dresden.
233	Werther, Johanne	Dresden.	Civilingenieur.
234	Gosch, Friedrich	Liebertwolkwitz.	Kaufmann in Dresden.
235	Lehmann, Ernst	Dresden.	Architect.
236	v. Byern, Georg	Dresden.	Oberst.
237	Zdörer, Carl	Medingen.	Rittergutsbesitzer in Dresden.
238	Bart, Georg	Kastenburg.	Rentier in Dresden.
239	v. Berlepsch, Arnold	Bautzen.	Hauptmann †.
240	Fleck, Georg	Bautzen.	Appellationsrath a. D. in Dresden.
241	Ange, Johann	Mausitz b. Eythra.	Rittergutsbesitzer.
242	Lakel, Paul S.	Dresden.	Geh. Finanzregistrator.
243	Schulze, Georg	Dresden.	Kaufmann.

Nr.	Name.	Geburtsort.	Stand des Vaters.
244	Voit, Rudolf.	Zschopau.	Bauunternehmer in Marienberg.
245	Müller, Johannes (S).	Riesa.	Cantor.
246	Zehme, Siegfried (S).	Lengefeld.	Pastor in Briesnitz.
247	Berndt, Moritz.	Dresden.	Professor.
248	Schiffner, Georg (S).	Radeberg.	Unternehmer in Dresden.
249	Lange, Theodor.	Dohna.	Apotheker.
250	Voit, Curt.	Leisnig.	Baumeister in Marienberg.
251	Dietrich, Richard.	Glauschnitz b. Königsbrück.	pens. Kammermusikus in Dresden.
252	Vollert, Heinrich.	Dresden.	Hauptmann.
253	Seifert, Emil (S).	Altcoschütz.	Cantor in Kaditz.
254	Steuer, Willibald.	Dresden.	Lehrer.
255	Kluge, Woldemar.	Dresden.	Maler.
256	Taube, Johannes.	Mittweida.	Geh. Justizrath in Dresden.
257	Hoch, Julius (S).	Dresden.	Oberst z. D.
258	Günther, Otto (S).	Meissnisch-Pulsnitz.	Bandfabrikant.
259	Anton, Friedrich.	Borna.	Geh. Justizrath in Dresden.
260	Wollmann, Hans.	Dresden.	Kaufmann.
261	Türk, Arthur.	Dresden.	Buchhändler.
262	Lamm, Theodor.	Leipzig.	Kaufmann in Dresden.
263	v. Buhl, Curt.	Königsberg i. Preussen.	Hauptmann a. D. in Dresden.
264	v. Petrikowsky, Johannes.	Oppitzsch.	Rentier in Dresden.
265	v. Raab, Carl (S).	Dresden.	Hauptmann z. D.
	Sexta $_1$.		
266	Gerber, Carl.	Leipzig.	Minister des Cultus u. öffentlichen Unterrichts.
267	Babick, Johannes (S).	Dresden.	Lehrer.
268	Bach, Paul (S).	Dresden.	Kaufmann.
269	Unteutsch, Curt (S).	Leipzig.	Privatus in Dresden.
270	Kersten, Carl (S).	Dresden.	Dr. med.
271	Meinhold, Sigfried.	Schweinsburg.	Rittergutsbesitzer.
272	Rossberg, Heinrich (S).	Zschaiten.	Rittergutsbesitzer.
273	Einert, Bernhard.	Leipzig.	Oberappellationsrath in Dresden.
274	Bachmann, Curt (S).	Dresden.	Assessor.
275	Vibrans, Paul.	Chemnitz.	Privatus in Dresden.
276	Kölbel, Alban (S).	Auerbach i. V.	Weisswaarenfabrikant.
277	Schumann, Oskar (S).	Dresden.	Bäckermeister.
278	Bredl, Franz (S).	Wien.	Eisenbahninspector.
279	Steinbach, Erwin (S).	Dresden.	Diaconus.
280	ö Byrn, Hans (S).	Dresden.	Oberst.
281	Richter, Hugo (S).	Ehrenfriedersdorf.	Former u. Bretschneider.
282	Eckardt, Paul (S).	Dresden.	Advocat.
283	Gründel, Paul (S).	Dresden.	Stationsassistent.
284	Hänel, Walther (S).	Stuttgart.	Professor.
285	Bötticher, Walther (S).	Eickerhöfe bei Wittenberge.	Rentier.
286	Frauenstein, Richard (S).	Dresden.	Finanzrath.

Nr.	Name.	Geburtsort.	Stand des Vaters.
287	Schiffner, Arthur (S).	Dresden.	Unternehmer.
288	Hetzler, Victor.	Wallerfangen.	Kaufmann in Dresden.
289	v. Zeschau, Heinrich (S)	Dresden.	Hauptmann.
290	Richter, Richard.	Riesa.	Pastor in Leutewitz.
291	Haberland, Alfred (S)	Dresden.	Major.
292	Rasche, Curt (S).	Radeberg.	Stadtkämmerer †.
293	Schnackenberg, Ferdinand (S).	Blackburn.	Privatlehrer in Dresden.
294	Schmidt, Otto (S).	Falkenstein.	Betriebsingenieur in Dresden.
295	v. Döring, Horst (S).	Dresden.	Major z. D.
296	Rittnagel, Paul (S).	Hildesheim.	Director in Dresden.
297	v. Heygendorff, Bernhard (W).	Grimma.	Rittmeister a. D. in Bad Elster.
298	Preusker, Hans (S).	Dresden.	Lieutenant und Militärlehrer.
299	Jahn, Paul (S).	Waldheim.	Pastor †.
300	Seeliger, Richard (S).	Frankenberg.	Rentier.
301	Berger, Otto (S).	Ehrenfriedersdorf.	Arzt †.
302	Schleinitz, Martin (S).	Delmschütz.	Gutsbesitzer.
	Sexta $_e$.		
303	Blochmann, Rudolf (S).	Dresden.	Commissionsrath.
304	Neuberg, Arthur (S).	Dresden.	Postsecretär.
305	Straube, Hermann.	Dresden.	Fabrikant.
306	Schletter, Paul (S).	Dresden.	Registrator.
307	Heinicke, Gotthelf (S).	Reiboldsruhe.	Oberforstmeister in Bärenfels.
308	Augustin, Alfred (S).	Dresden.	Töpfermeister †.
309	Boulnc, Guido (S).	Dresden.	Landschaftsmaler.
310	Hertwig, Arno (S).	Dresden.	Rechnungssecretär.
311	Fischer, Georg.	Dresden.	Baumeister †.
312	Dinger, Hugo (S).	Cölln b. Meissen.	Privatus in Dresden.
313	Beyer, Carl (S).	Damerkow.	Feuerversicherungsbeamter †.
314	Hellner, Curt (S).	Neukirch am Hochwald.	Arzt.
315	Jul, Richard (S).	Döbeln.	Kaufmann in Dresden.
316	Weber, Felix (S).	Dresden.	Cigarrenfabrikant.
317	Goull, Alfred (S).	Franzensbad.	Ingenieurexpedient in Dresden.
318	Buck, Günther (S).	Berlin.	Intendanturrath †.
319	Bohme, Franz (S).	Dresden.	Registrator.
320	Hettka, Walther (S).	Chemnitz.	Oberstlieutenant in Dresden.
321	v. Nabell, Constantin.	Dresden.	Kais. Russ. Hofrath †.
322	Neumann, Franz S.	Dresden.	Institutsdirector.
323	Müller, Albans.	Dresden.	Kaufmann in Frankfurt a. M.
324	Vollert, Richard (S).	Meerane.	Kaufmann.
325	Hilbert, Hans (S).	Dresden.	Obersignalist †.
326	Vollert, Georg (S).	Meerane.	Kaufmann.
327	Apeldt, Fritz (S).	Dresden.	Restaurateur.
328	v. Zeschau, Hans (S).	Röchen b. Mittweida.	Advocat in Dresden.

Nr.	Name.	Geburtsort.	Stand des Vaters.
329	Dämler, Julius (S).	Dresden.	Kaufmann.
330	Rühle, Paul (S).	Schmorsdorf.	Hauptmann in Dresden.
331	Ruppert, Ehrhard (S).	Pulsnitz.	Bez.-Ger.-Expedient in Dresden.
332	Scharncke, Emmo (S).	Striegau.	Kaufmann in Dresden.
333	Zehme, Albrecht (W).	Lengefeld i. Erzgeb.	Pastor in Briesnitz.
334	Wüstling, Hugo (S).	Dresden.	Conditor.
335	Rittinghausen, Rudolf (S).	Grünberg.	Kaufmann in Dresden.
336	Rudel, Alwin (S).	Dresden.	Redacteur.
337	Höhne, Horst (S).	Dresden.	Schuldirector.
338	Lehmann, Max.	Dresden.	Buchdruckereibesitzer.

Bücherprämien am Schlusse des Schuljahres 1875/76 erhielten: die Unterprimaner Felix Weiss und Gustav Klemm, die Obersecundaner Otto Machold und Georg v. Seydlitz, die Untersecundaner Johannes Ilberg und Georg Buchwald, die Obertertianer Johannes Müller, Walther Taube und Theodor Klinkhardt, die Untertertianer Franz Baumeyer und Walther Reinbrecht, die Quartaner Robert Weber, Richard Schmidt und Carl Thieme, die Quintaner Hans v. Nostitz, Udo Kluge, Rudolf Hubert und Paul Bäurich, sowie die Sextaner Otto Köhler, Curt Fischer, Alexander Fahlnberg, Hermann Müller und Ernst Lohrmann.

Aus der zum Andenken an den verstorbenen Fritz Bessell errichteten Stiftung (cf. vorj. Progr. pag. 33) für die besten Leistungen im Deutschen erhielt eine Prämie der Quartaner Reinhard Spitzner.

Stipendien wurden verliehen: 1. aus den Zinsen des „Dresdner Bürger-Stipendien-Fonds" (Stipendia A, cf. Progr. 1875 p. 34) im Betrage von je 200 M. jährlich, event. nebst Erlass des Schulgeldes von dem collaturberechtigten Lehrercollegium dem Oberprimaner Gustav Klemm, sowie den Untersecundanern Theodor Klinkhardt und Paul Mehlhose; — 2. aus den Zinsen der „Stipendienstiftung eines Ungenannten" (Stipendia B, cf. Progr. 1875 p. 35) im Betrage von je 147 M. jährlich, event. nebst Erlass des Schulgeldes von dem collaturberechtigten Rath der Königl. Residenz- und Hauptstadt Dresden auf Vorschlag des Lehrercollegiums den Obertertianern Gerhard Pistorius und Rudolf Bernstein, sämmtlichen bei fortbestehender Qualification für ihre noch übrige Schulzeit auf dem Königl. Gymnasium zu Dresden-Neustadt; 3. „Königl. Stipendien" (Stipendia C, cf. pag. 16 u. 47) im Betrage von je 100 M. den Oberprimanern Felix Weiss, Gustav Klemm, Max Manitius, Wolfgang Kirchbach, den Unterprimanern Otto Machold und Heinrich Lhotzky, den Obersecundanern Georg Buchwald, Paul Galle,

Hermann Reinbrecht und Constantin Merz; im Betrage von je 50 M. den Untersecundanern Heinrich Stiehler und Walther Voit, den Obertertianern Walther Reinbrecht, Arnold Reinbrecht, Paul Donath und Johannes Klemm, sowie den Untertertianern Philipp Mehlhose, Theodor Wagner, Richard Schmidt und Arthur Schulze.

Schulgelderlasse im Gesammtbetrag von 4865 M. 94 Pf. wurden von dem Lehrercollegium gewährt: im II. Quartal 1876 den Oberprimanern Felix Weiss, Gustav Klemm, Adolf Schwarzenberg und Max Manitius, den Unterprimanern Otto Machold, Heinrich Lhotzky und Ludwig Hänichen, den Obersecundanern Fritz Ostermayer, Paul Galle, Hermann Reinbrecht und Constantin Merz, den Untersecundanern Theodor Klinkhardt, Max Heinsius, Heinrich Stiehler, Paul Mehlhose und Walther Voit, den Obertertianern Walther Reinbrecht, Rudolf Bernstein, Gerhard Pistorius, Arnold Reinbrecht, Alfred Schwarz und Johannes Klemm, den Untertertianern Philipp Mehlhose, Max Hänichen, Paul Hänichen, Hans Heinz, Theodor Wagner, Hermann Knöfel, Martin Grössel, Richard Schmidt, Carl Thieme, Carl Voit, Arthur Schulze, Fritz Sommer und Erhard Wauer, den Quartanern Udo Kluge, Ernst Rössler, Carl Graner, Arthur Hösemann, Reinhold Perthen, Franz Perthen, Heinrich Behrisch, Bernhard Herzog, Rudolf Hubert, Moritz Hetzler, Friedrich Voigt, Otto Schindler, August Richter, Gottfried Epstein, Max Pöhlmann, Max Rasche und Armin Klingsohr, den Quintanern Curt Fischer, Arthur Kegel, Max Hauschild, Ludwig de Lasalle, Alfons de Lasalle, Martin Rühle, Conrad Fiedler, Georg Manitius, Max Schulze, Paul Jäkel, Johannes Müller, Wilibald Steuer und Woldemar Kluge, sowie den Sextanern Johannes Babick, Victor Hetzler, Paul Jahn, Paul Gründel, Curt Rasche, Georg Fischer, Hermann Straube, Hans Hilbert, Carl Beyer und Horst Höhne; im III. Quartal 1876 denselben (ausser dem Untertertianer Martin Grössel, sowie den Quartanern Bernhard Herzog und Armin Klingsohr) und dem Untertertianer Max Stechmann, dem Quintaner Emil Seifert, sowie den Sextanern Erwin Steinbach und Alfred Göttl; im IV. Quartal 1876 denselben wie im III. Quartal (ausser dem Obersecundaner Fritz Ostermayer, den Untertertianern Max Stechmann, Karl Thieme, Fritz Sommer und den Quartanern Arthur Hösemann und Max Rasche) und dem Oberprimaner Wolfgang Kirchbach, dem Obersecundaner Georg Buchwald, dem Obertertianer Gerhard Zehme, sowie dem Quartaner Rudolf Hünersdorf; im I. Quartal 1877 denselben wie im IV. Quartal 1876 (mit Ausnahme von den Untertertianern Hans Heinz und Erhard Wauer, sowie dem Quintaner Wilibald Steuer) und dem Untersecundaner Carl Schubert, dem Obertertianer Hans von Brandenstein und dem Sextaner Paul Schletter. — Auch konnten einigen Schülern die Aufnahme-, bez. Abgangsgebühren ganz oder theilweise erlassen werden.

Die mündliche Maturitätsprüfung, bei der laut Verordnung vom 15. Januar der unterzeichnete Rector als beauftragter Königl. Prüfungscommissar fungierte, wurde nach vorausgegangenem schriftlichen Examen am 14. März abgehalten. Nach bestandener Maturitätsprüfung verlassen die Anstalt:

Ostern 1877:	Wissensch. Censur.	Sittencensur.	Studium.
Weiss, Felix	II^a	I	Medicin.
Klemm, Gustav	I^b	I	Mathematik und Naturwissenschaften.
Manitius, Max	II	I	Philologie und Geschichte.
v. Brandenstein, Leo	II	I	Wird Militär.
Kirchbach, Wolfgang	II	I^b	Philologie und Geschichte.
Erdmann, Carl	II^b	I^b	Naturwissenschaften.
Ehlermann, Erich	II^b	I^b	Naturwissenschaften.

—

5. Ordnung der Schulfeierlichkeiten.

Oeffentliche Prüfungen.

Montag, den 19. März.

8—8,40	I^b	Religion	*Richter II.*
8,40—9,20	I^b	Latein	*Richter I.*
9,20—10	II^a	Griechisch	*Gerth.*
10—10,40	II^a	Mathematik	*Baumgarten.*
10,40—11,20	II^b	Latein	*Werther.*
11,20 12	II^b	Geschichte	*Kümmel.*
2—2,40	III^a	Latein	*Gilbert.*
2,40—3,20	III^a	Mathematik	*Hoffmann.*
3,20—4	III$^b_1$	Französisch	*Schütze.*
4—4,40	III$^b_2$	Griechisch	*Opitz.*
4,40—5,20	IV$_1$	Deutsch	*Lange.*
5,20—6	I^b·III$^b_2$	Turnen	*Bier.*

Dienstag, den 20. März.

8—8,40	IV$_1$	Griechisch	*Ziel.*
8,40—9,20	IV$_2$	Geschichte	*Hankel.*
9,20—10	IV$_2$	Deutsch	*Seeliger.*
10—10,40	V$_1$	Latein	*Hankel.*
10,40—11,20	V$_1$	Naturgesch.	*König.*
11,20 12	V$_2$	Latein	*Bochmann.*
2—2,40	V$_2$	Geographie	*Leipoldt.*
2,40—3,20	VI$_1$	Latein	*Jacob.*
3,20—4	VI$_1$	Rechnen	*Bier.*
4—4,40	VI$_2$	Latein	*Ast.*
4,40—5,20	VI$_2$	Geschichte	*Seeliger.*
5,20—6	IV$_1$·VI$_2$	Turnen	*Bier.*

Schriftliche Arbeiten und Zeichnungen der Gymnasiasten werden während der Prüfungen zur Ansicht vorgelegt werden.

Valedictionsactus.

Freitag, den 23. März, Vormittags 10 Uhr.

Gesang: „Lauda Sion Salvatorem" von G. A. Naumann.
Lateinische Ode des Abiturienten Felix Weiss.
Griechischer Vortrag des Abiturienten Max Manitius: „Ὦ κλεινὰ Σαλαμίς, σὺ μέν που ναίεις ἁλίπλακτος εὐδαίμων, πᾶσιν περίφαντος ἀεί." Soph.
Lateinischer Vortrag des Abiturienten Gustav Klemm: „De Q. Horatii Flacci saturis atque epistulis brevis disputatio."
Deutscher Vortrag des Abiturienten Leo von Brandenstein: „Die Namen sind in Erz und Marmorstein so wohl nicht aufbewahrt als in des Dichters Liede."
Deutsches Abschiedsgedicht an die Abgehenden des Primaners Otto Machold.
Gesang: „Ich komme vor dein Angesicht" von M. Hauptmann.
Entlassungsrede des Rectors.
Bekanntmachung der Prämien, der Stipendien und der neuen Rangordnung durch den Rector.
Gesang: „Unsern Ausgang segne Gott."

Zu geneigter Theilnahme an diesen Schulfeierlichkeiten werden die Königlichen und städtischen Behörden sowie alle Freunde und Gönner der Anstalt, insbesondere die Angehörigen unserer Schüler ergebenst eingeladen.

Königliches Gymnasium zu Dresden-Neustadt, am 15. März 1877.

Hugo Ilberg.

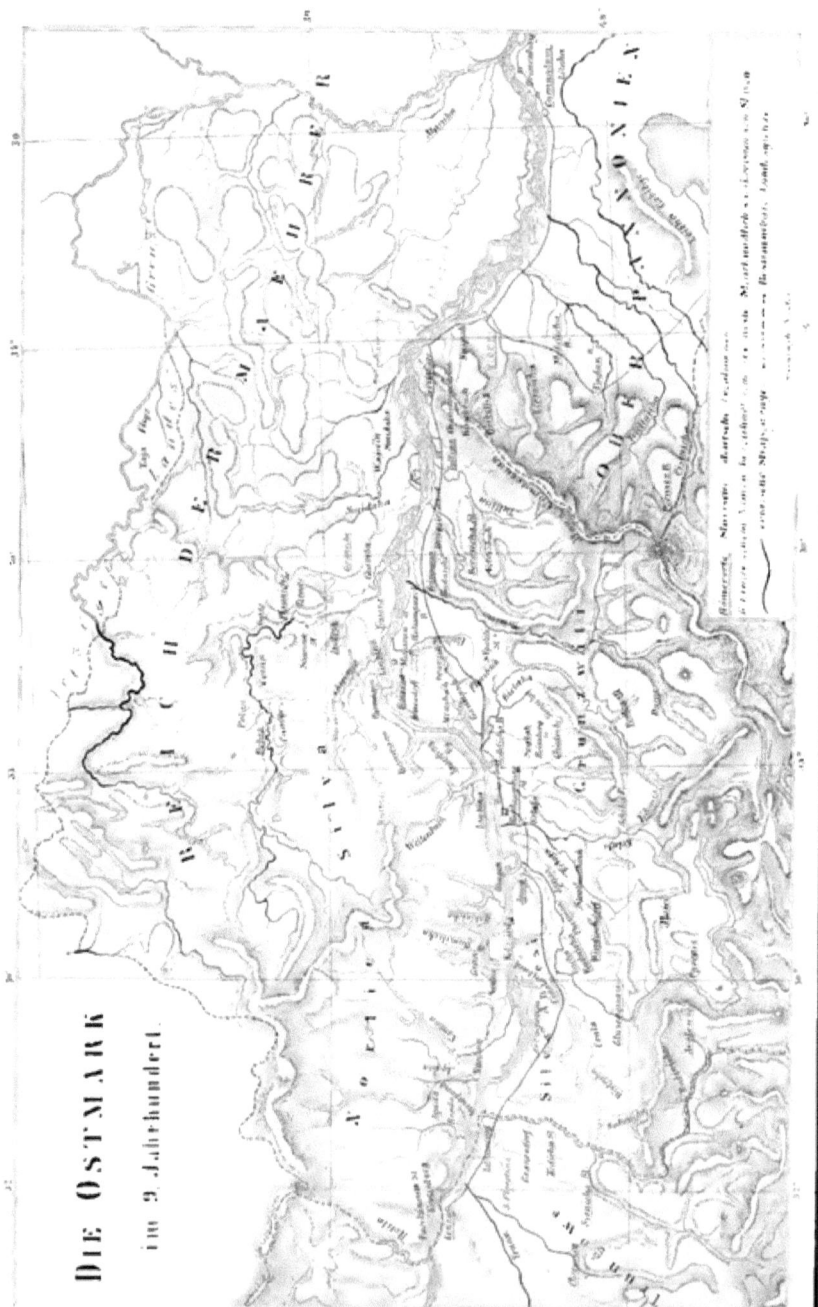